歴史からでも楽しい！

おもしろ日本音楽

釣谷真弓●著

東京堂出版

はじめに

なにをかくそう、私は狂のつく歴女、城郭マニア、武将オタクである。

半分箏曲家であるが、実は大学も日本史学科中世史専攻卒業で、卒業論文のタイトルは「『教訓抄』にみる中世芸能の世界」であった。『教訓抄』とは、一二三三年に雅楽師の狛近真(こまのちかざね)によって著された全十巻の雅楽の秘伝書である。日本史と日本音楽の接点ということで選んだのだが、卒論ではめずらしいテーマだったらしい。

城跡にのぼっては、土塁や空堀が残っているだけで興奮する。現存天守閣では柱に触れて、古(いにしえ)のあの武将もさわったかも、と思いをはせる。古い山城では石垣にそって歩いて、崖をすべり落ちそうになったこともある。合戦場では、本陣跡に立つとホラ貝と人馬の駆ける音が聞こえて、何百年か前のその日にタイムスリップしてしまう。

こんなふうだから、そのうちだれも私の史跡めぐりに付き合ってくれなくなった。ガイドブックどころではない、合戦や城攻めの話が始まるからだ。説明しても、聞かされる人の耳を通りぬけているのがわかる。

だからだれにもご迷惑をかけないよう、一人で全国の史跡を訪ねることが多い。行きたい所で好きなだけその空間に浸って、だれにも邪魔されず気を遣(つか)うことなく空想にふけるのが至福の時間である。そのうちに、外国の史跡にもフラリと出かけるようになった。

嬉しいことに、最近はＢＳ放送などで歴史や世界遺産がテーマの番組が充実している。歴史ファンが増え、新説がどんどん紹介され、教科書の内容も変更されている。

ある理科系の大学教授の方に「過去のことを調べて何の役にたつのか」と言われたことがある。たしかに、不治の難病を治す医療や薬品の研究ではない。新技術の機械を作るわけでもない。しかし、科学も医学も宇宙物理学も、人間が織り成してきた歴史の上に、現在のそれがある。

歴史とは、西暦何年に何があった、なんてテキストをにらんでおぼえる知識ではない。歴史は生身の人間が作ってきたもので、実はわからないことばかり。だからおもしろい。ある人物がどのように生き、どんな思いでその行動をおこしたのか、周囲との関連性などを自分で想像するのが楽しいのだ。

歴史は常に生きていて、決して過去のものではない。人が営みを続けるかぎり、ひとつ前のステップをふみながら刻々新しい歴史がきざまれてゆく。

そして、歴史にはもちろん政治や経済がともにあったように、文化も時代にそって変遷してきた。それらはすべて連携しており、何かだけが突然現れたわけではない。時代を貫いてきたそれぞれの柱は単独のものではなく、お互いに影響し合い、からみ合った結果が表出してきたのだと思う。

日本音楽史も例外ではない。本書は、とくに芸能・音楽が歴史とどのように関連して形成され、変遷してきたのか、その時代ごとの社会状況とともに述べていくというのが主旨である。

もちろん、同時に二つのテーマをあつかうわけであるから、各時代をすべてくわしく述べる余裕はない。日本史関係も、教科書的な内容ではなくピンポイントに照射した、時には独説であることはご了解いただきたい。暗記の学科だったので歴史は苦手、と思われている人こそ読んでいただきたいと思う。ほんとうはあちこちに人間臭さが感じられてとてもおもしろいのだ。

これまでの「おもしろ日本音楽」シリーズと同様、お好きな時代、ジャンルにかぎっての拾い読みも歓迎である。

しかし、芸能を文章で伝えることには限界がある。今では伝統芸能・音楽も、敷居が高いということはなく、さまざまな表現者が魅力的なパフォーマンスを提供してくれている。少しでも興味をもたれたならぜひ自分のアンテナに引っかかった生の芸能、音楽を訪ねていただきたい。

現在も、だれもがこれほど長引くとは予想していなかったコロナ禍のため、舞台芸術は大変な試練と忍耐を強いられている。伝統芸能の灯を消してはいけないと、関係者はさまざまな努力をしているが、改めて強く感じるのが〝生〟の芸や舞台の力とすばらしさである。

そして、もう少し扉を開けてのぞいてみたいと思われたなら、既刊の『人物でたどるおもしろ日本音楽』『なんてったって邦楽　おもしろ日本音楽』の各分野をご覧いただければ幸いである。

本書の執筆にあたり、資料を提供して下さった関係各位の皆さま、今回もたいへんお世話になった東京堂出版の編集部長・名和成人氏に心から感謝申し上げます。

二〇二一（令和三）年　十月

釣谷真弓

第2部　中世

第3部　近世

第4部　近・現代

第1部

古代

第1章

古代人の楽器

倭の国と大和朝廷

「はじめ人間」がクニを作ったよ

地球の大陸が現在の形になる以前、日本列島はユーラシア大陸の東の端っこの一部分だった。陸続きだったので、日本人の祖先であるヒトやナウマン象やたくさんの動物がシベリアや南方か

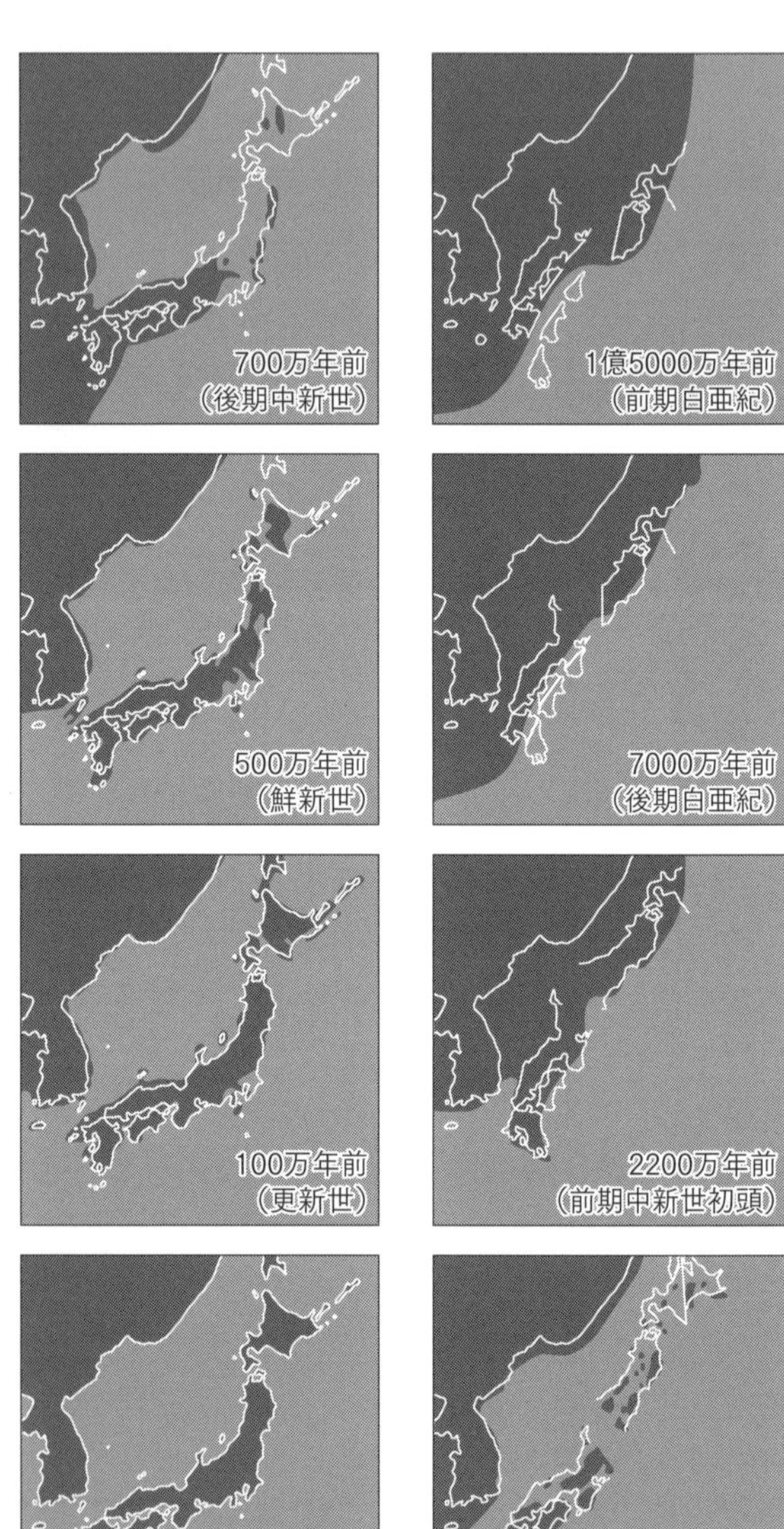

大陸の形の変化地図

ら移ってきた。やがて陸がさけて海水が入り込み、大陸から離れてバラバラの島となった。

何千年、何万年も昔の遺跡からひとつの土器の破片、木片、住居跡が発掘されることにより、当時の人々の生活のようすを推測することができる。なかには指紋のついた土器やら、田んぼについた足跡やらも発見されており、それらを見ると実際にそこで生きていた人が目の前にあらわれてくる。

古代史はロマンとミステリーの塊(かたまり)である。

考古学資料だけが頼りのこの時代のことは、なにしろ想像するしかない部分もあって、飛躍的に研究が進んでいるとはいえ諸説紛々(ふんぷん)、確証というのはむずかしい。土の中から出てきた物を見て「なんじゃ、こりゃ⁉」と首をかしげた研究者も多いことだろう。

ムラからクニへ

私が小学生のころに人気のあった「はじめ人間ギャートルズ」というアニメが好きだった。

♪なんにもない　大地に　ただ風がふいてた～

というのどかなテーマソングもよくおぼえている。

この原稿執筆中の二〇二一年七月二七日、「北海道・北東北の縄文遺跡群」が世界文化遺産に登

縄文式土器

三内丸山遺跡

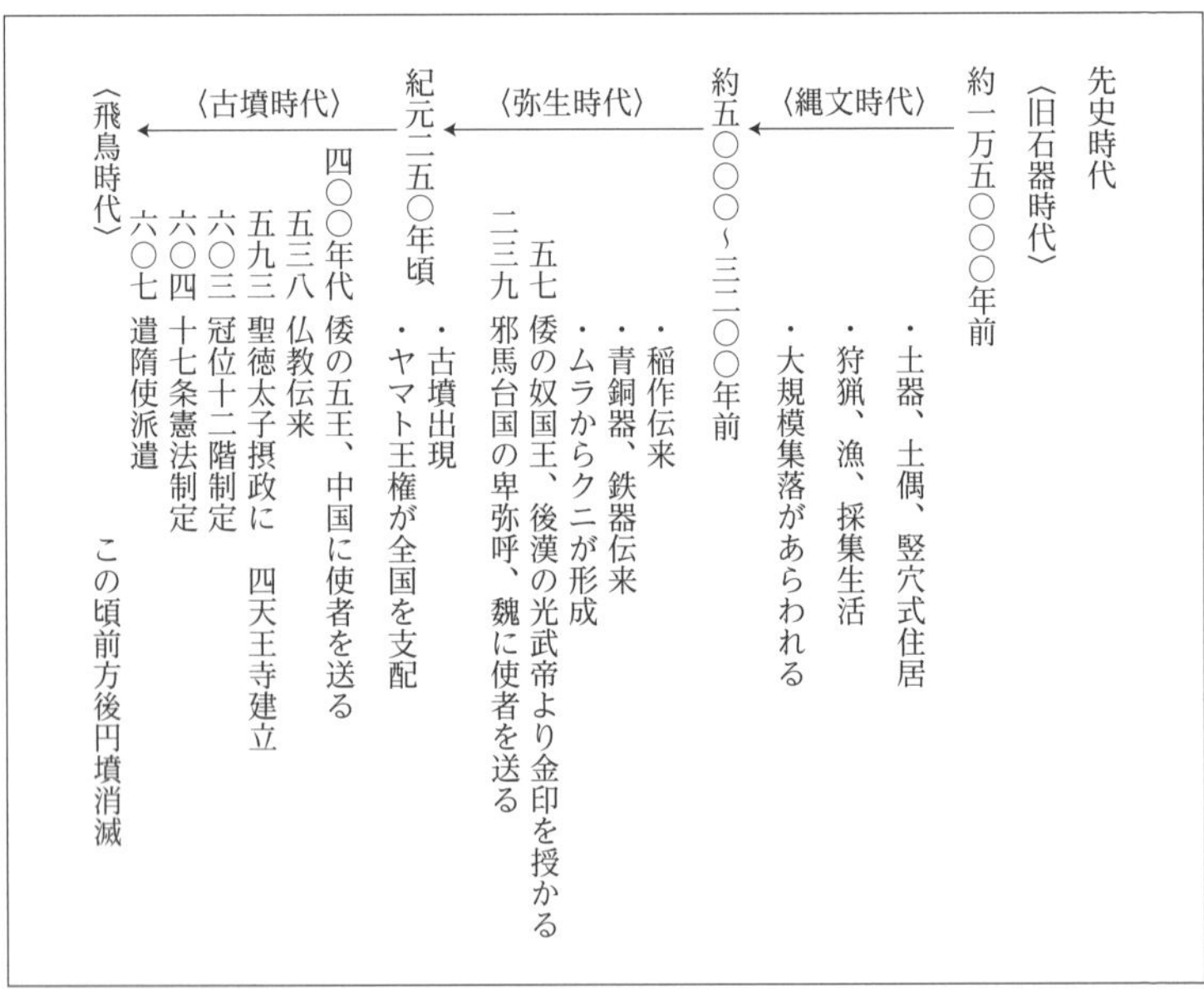

先史時代

〈旧石器時代〉

約一万五〇〇〇年前

〈縄文時代〉

・土器、土偶、竪穴式住居

・狩猟、漁、採集生活

・大規模集落があらわれる

約五〇〇〇～三二〇〇年前

〈弥生時代〉

・稲作伝来

・青銅器、鉄器伝来

・ムラからクニが形成

五七　倭の奴国王、後漢の光武帝より金印を授かる

二三九　邪馬台国の卑弥呼、魏に使者を送る

紀元二五〇年頃

〈古墳時代〉

・古墳出現

・ヤマト王権が全国を支配

四〇〇年代　倭の五王、中国に使者を送る

五三八　仏教伝来

五九三　聖徳太子摂政に　四天王寺建立

六〇三　冠位十二階制定

六〇四　十七条憲法制定

六〇七　遣隋使派遣

〈飛鳥時代〉

この頃前方後円墳消滅

先史時代年表

録された。有名な三内丸山遺跡をはじめ十七の遺跡が対象で、大規模な巨大集落や、環状列石も含まれている。

旧石器時代から移った「縄文時代」は、約一万五千年前（諸説あり）から一万年ほど続き、土器の形状によって6期（註1）に分類される。これだけ多彩な土器文化というのは、世界的にもまれであるという。ヒトは石をけずった斧や矢じりで獣を追いかけ、木の実を拾い魚をとって暮らしていた。冒頭のゴンもその時代の少年だ。

やがて、中国大陸の長江の中、下流域で栽培が始まったジャポニカ米が紀元前五千年ごろに日本に伝わって、稲作文化の弥生時代に移行していく。

人々は田んぼを中心に集落を作り定住生活を始めた。そこでは暦や農作業の共同作業が必要となり、いっぽう水路のトラブルなど、集団生活の長所、短所があらわれる。富と力をもったリーダー的な人物が登場して、ムラ社会を率いるようになり、米の生産を増やすという共通の目的のために団結する。

そのうち勢力の強い人物が各地の豪族となり、古墳時代にかけ

光武帝より授けられた金印
（福岡市博物館蔵　画像提供：福岡市博物館／DNPartcom）

て小さなクニが形成され、それが統一されて大和朝廷となり、「日の本」つまり今の日本という国の基礎ができたわけだ。

ここまでで数万年の歴史の解説がおわった。我ながらなんという端折り方だろう。

ところで、最近ではデジタル化やテレワークが推進されて、「脱ハンコ」化が進められている。日本で現存する最古の印章というのは、有名な「漢委奴国王」の金印（国宝）である。後漢の光武帝が倭の国王に贈ったものとされる。

福岡市博物館で実物を見たときは、とても小さいということが印象的だった（高さ2・3センチ）。しかし、この小さな印鑑が、漢が外交政策として異民族の王に官位とともに与え、属国とした権威の象徴であった。この時点で「倭国」という国名が存在していたということである。

環状木柱列

イギリスにある「ストーンヘンジ」は巨石を円形に配した〝環状列石〟の遺跡として有名である。そのほか世界の各地に存在する。山地が国土の三分の二を占める日本では、石ではなくて〝環状木柱列〟という巨木のウッドサークルが、主に北陸と東北で発見されている。

なかでも有名なのは、石川県の奥能登・能登町にある縄文遺跡の真脇遺跡（国指定史跡）である。ここは縄文時代に、およそ四千年間も繁栄した集落であったことがわかっている。地下一～五メートルの間に、縄文前期から晩期（約六千年前～約二千三百年前）までの層が堆積しており、「縄文文化の宝庫」とよばれている。

縄文時代は、食物を求めて人々が住む場所を移動したと考えられていたが、前述の東北の遺跡にも見られるように、地域によっては定住生活もおこなわれていた。そこは自然の恵みが豊富で食糧に不自由せず、住み心地がよかったという証拠である。

真脇遺跡・環状木柱列

特に、海に面した真脇遺跡の中期初頭（約五千年前）の層から大量のイルカの骨が出土していることから、イルカ漁（主にカマイルカ）をして複数の部落で食糧としていたことが明らかになっている。この地方では耕地が少なく、昭和前期まで追込み漁がおこなわれていた。

「イルカを食べたの？」と非難してはいけない。捕鯨もふくめて食糧調達の手段であり、文化であった。

ここに、日本最大級の環状木柱列の遺構が確認されている。高さ約八メートル、最大直径九十センチもあるクリ材の柱が六～十本も円形に並んでいて、これほど大きなものはめずらしい。六つのサークル跡が確認されており、復元された柱列の前に立つとその巨大さに圧倒される。

こんな「円状に立てたでっかい木の柱の列」が初めて発見されたのは、昭和五五年、石川県金沢市のチカモリ遺跡（約三～四千年前）で、富山県小矢部(おやべ)市の桜町遺跡（約二千八百年前）など日本海沿岸に十数カ所ある。石でないとはいえ、たいへんな労力と技術が必要だ。

これらはいったいなんのために作られたのか。

まさか木の柱のまわりを回って鬼ごっこをしたわけではあるまい。その用途や目的は解明されていないが、この場所は縄文人たちにとってやはり何らかの儀式をした「聖なる場所」ではなかったかと考えられている。

古代人はこのまわりに集まって何を祈ったのだろうか。

古代の楽器と音楽

このような場所で祭祀のために使われたと思われるのが、神秘的な音を出す道具である。

喜怒哀楽をあらわすときに手を打ち足を鳴らす。また遠くにいる人にことばの代わりに木のウロ

銅鐸

などを叩いて伝達したこと。そして祭りや祈りに使われた神聖な道具などが楽器の起源説である。

ヤマトことばで楽器をあらわす語に**コト・フエ・ツヅミ・スズ・ヌリデ**がある。

楽器とボキャブラリーが少なかったこの時代、コトは弦楽器、フエは管楽器、ツヅミは打楽器を総称した語であった。「フエ」は火をおこしたり狩猟に用いたりした竹管の「吹き柄」が語源だという説もある。

「でんでん太鼓に　笙のふえ」（子守歌の歌詞）

「びは（琵琶）のこと」「さくはち（尺八）のふえ」（平安文学）

というふうに使われていた。

塤

ヌリデとは、青銅器時代になって畿内を中心に出土している銅鐸のことである。鈴のように中に吊るす舌も発見されているので、音を鳴らして呪術の際に用いたと考えられている。中国の編鐘のように、さまざまな大きさのものが発掘されているので、叩いたり揺らしたりして異なる高さの音を鳴らしたのだろう。

また、現在の中国ではさかんに演奏されている〝**塤**(けん)〟も、古代遺跡から発掘されているものだ。卵型の土笛で、オカリナのように吹き口のほか手孔が三〜四つあけられているだけの素朴な楽器である。音が数個しか出ないのではないかと思うが、中国の演奏家はすばらしい音楽を奏でる。

古代のコト

弥生文化である静岡県登呂遺跡で発掘されたコトは有名である。うっかりするとただの朽(く)ちた板切れと思って捨ててしまいそうだ。よく見ると、尾部が糸をはるための突起状になっている。他の遺跡からは、現在の箏のような槽状(箱型)のコトも発見されている。

「おこと」にはいくつかの種類がある。現在、一般的に演奏されている十三弦のものは〝**箏**(そう)〟であり、〝**琴**(きん)〟は七弦で〝ことじ(箏柱)〟を使用せず、左手でポジションを押さえてすべての音を作る。現在おこなわれている〝**一弦琴**〟も琴のなかまである。ことといえば「琴」の字しか常用漢字に含まれていないので混同されているが、琴と箏は異なる楽器をさす。

どちらも奈良時代に中国から渡来した楽器である。

では、日本古来のコトは何かというと、それが前に述べた遺跡からの出土品や、埴輪にみられる古代のコトである。埋蔵文化財センターの調査などでは「琴」の字が使われているが、本書では区別するために「コト」と表記する。「六つの緒」「鵄尾のコト」といわれるように六弦（なかには五、七弦のものもある）で、尾部の弦を張った突起がトビの尾に似ていることから、この名がつけられている。

ちなみに、宮殿や大仏殿などの大きな建築物の屋根（棟）の両端にとりつけられた、鳥の尾の形をした飾りを鵄尾（鴟尾）という。

「弾琴男子像」（伊勢崎市・相川考古館重文）とよばれる埴輪にみられるように、古代のコトはひざの上において奏でるような小型のものであった。

その子孫である〝**和琴**〟は現在でも神社などの神楽で用いられており、

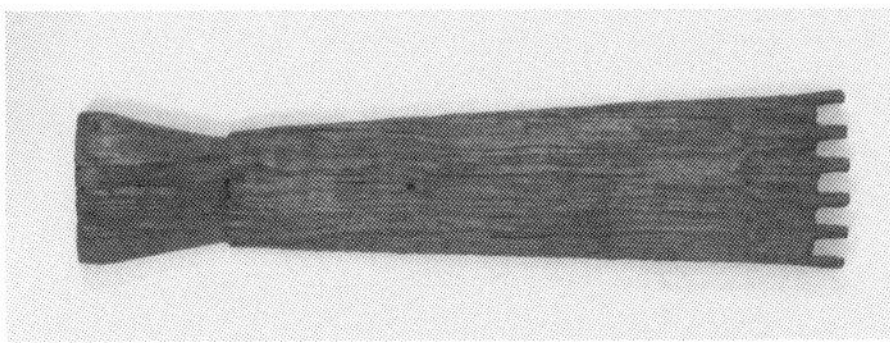

遺跡から出土したコト

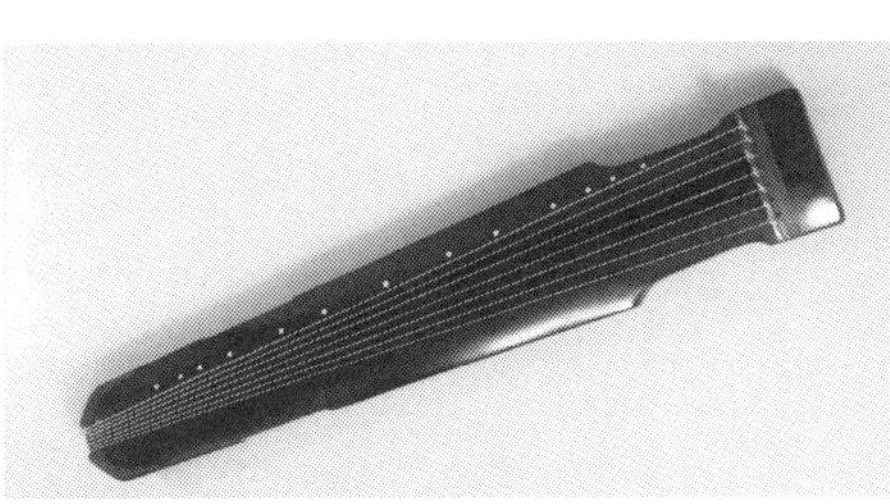

琴（七弦琴）

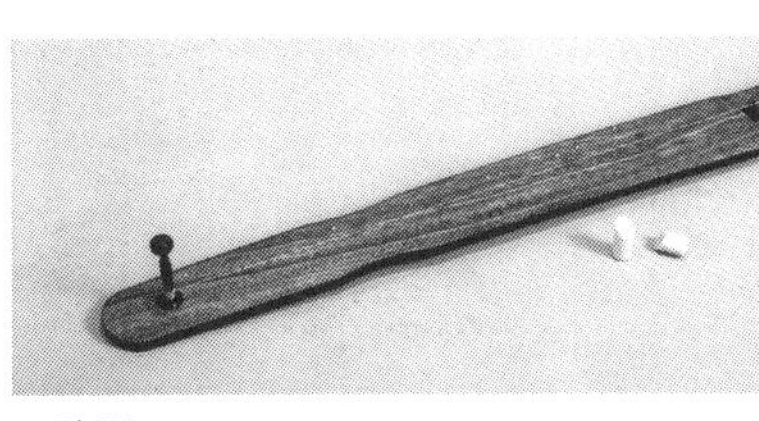

一弦琴

弾琴男子像
（国立国会図書館デジタルコレクション）

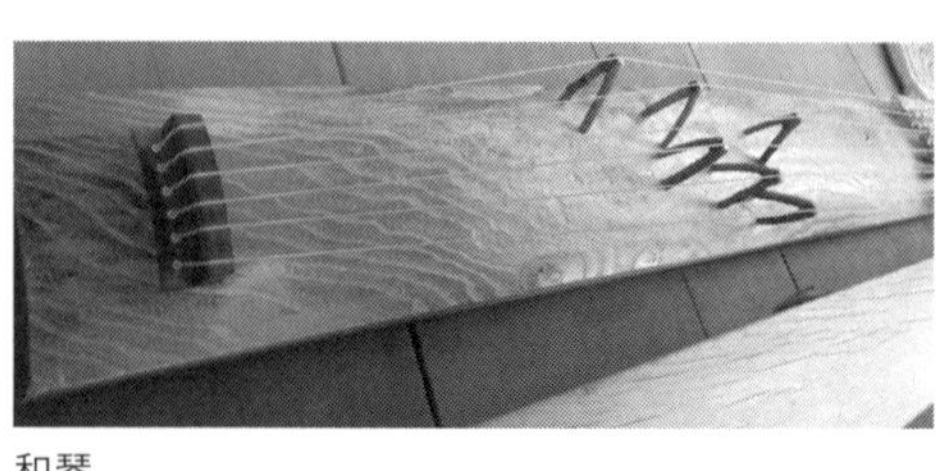
和琴

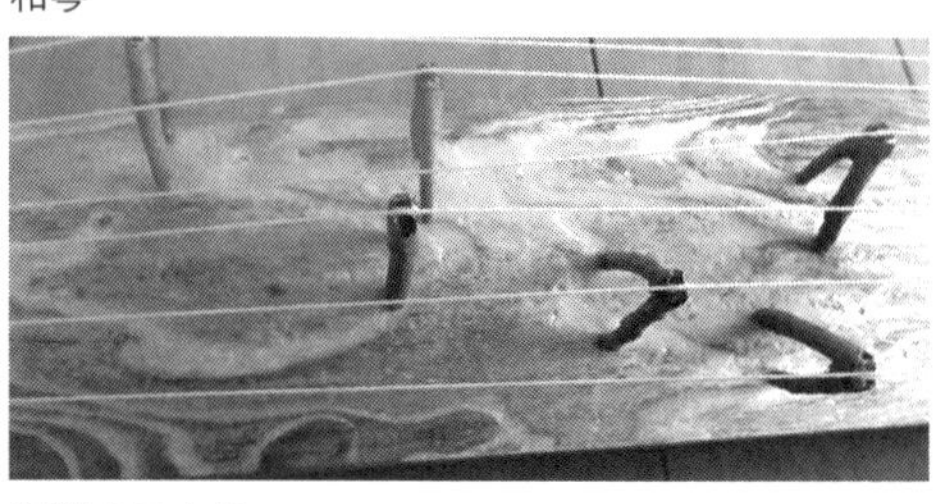
和琴のことじ

楓（かえで）の木の股の部分を皮のついたまま「ことじ」として使用している。音高順ではなく調弦された六弦を、琴軋（ことさぎ）というヘラ状のものでボロボロンとかき鳴らす。

音は神を呼び、天に通じる力をもつと信じられていた。古代においてこれらは、「神降ろし」のための神聖な儀式用の道具であったという説が強い。

新発見や研究が進むことによって、古代のさまざまなことも明らかになる日がくるのではあろうが、古代人が何を思ってどのように暮らしていたのかを想像する楽しみも失いたくない。

参考文献　『新図説　真脇遺跡』能登町教育委員会
「石川県埋蔵文化財センター　情報誌」第19号

（註1）縄文時代の区分　1草創期　2早期　3前期　4中期　5後期　6晩期

第2章

律令国家の誕生　ナントうつくしいナラの都

半島・大陸から芸能音楽の輸入

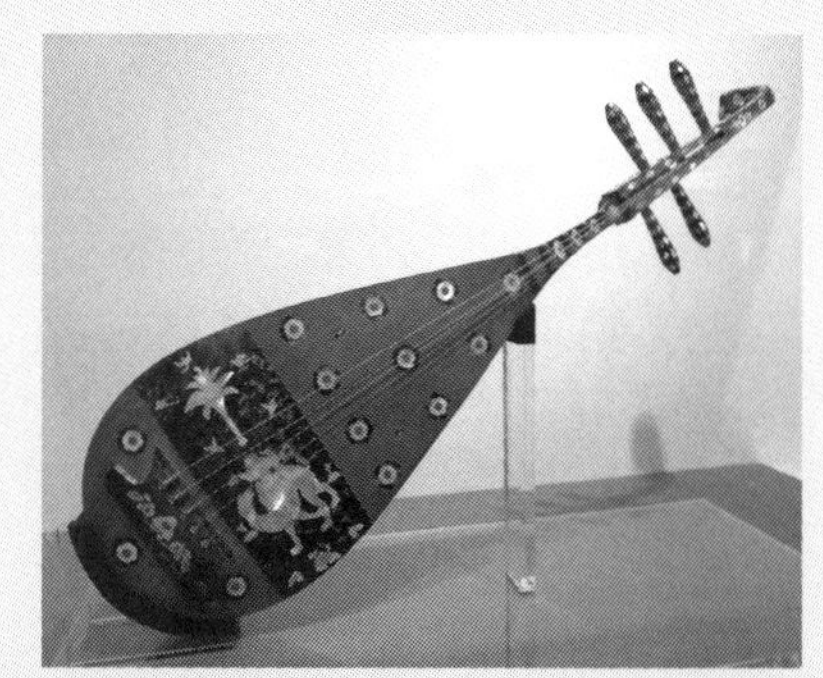

森将軍塚古墳

稲荷山古墳

「世界三大墳墓」の一つとなっている大阪府堺市の仁徳天皇陵（大仙陵）。前長四八六メートルの墳丘は、近くで見ても木しか見えずたんなる丘か小山だ。全貌がよく見えるスポットは、堺市役所高層館21階展望ロビーだそうだ。これを含む「百舌鳥・古市古墳群」は世界文化遺産に登録されている。

しかし関東にも負けない見事な古墳群がある。埼玉県の「史跡埼玉村古墳群」には、すばらしい保存状態の前方後円墳（◯形）や円墳がゴロゴロしている。

鉄剣をはじめ多くの副葬品が国宝に指定されている有名な稲荷山古墳（五世紀前半）は、登ると墳頂にその埋葬状態が展示されている。隣の丸墓山古墳は日本最大級のまぁるい円墳、将軍山古墳は横穴式石室の内部を見学することができる。

周囲に何もないので、墳墓の形がきれいに見ることができて感動する。科野（しなの）の王墓とみられている千曲市（長野県）の森将軍塚古墳は、尾根にそって作られた前方後円墳なので、くの字型に曲がっているのがおもしろい。

前方後円墳は、ヤマト王権から認められた者しか作ることができず、その地での地位と中央とのつながりを示している。

中央集権国家の外交

各地で力をもった地方豪族が競って大きな古墳を作った古墳時代（四世紀初め～七世紀）。

やがて権力の集中が進み統一政権ができて、大王を中心とした国家が形成される。飛鳥地方を舞台とする大和朝廷の「飛鳥時代」である。

特筆すべきは、この時代にすでに中国・朝鮮との外交が積極的におこなわれて、文化面でたいへんな影響を受けているということだ。初期は大陸よりも半島の新羅や渤海との往来のほうが頻繁におこなわれていた。半島の百済から、仏教がわが国に入ってきたのは六世紀である（五三八年・異説あり）。

六〇七（推古一五）年、遣隋使小野妹子が二年続けて隋に派遣さ

礎石の並ぶ紫香楽宮跡

西安城壁

平城京大極殿（復元）

れて、六一〇年には半島の新羅、任那から使者が来日した（註1）。

七世紀には天皇の代替わりのたびにあちこちにウロウロと「宮」とよぶ皇居を移していたのであるが、七一〇（和銅三）年、元明天皇が藤原京から〝寧楽〟（奈良）の地に遷都して平城京を作った。

この都の規模はかつてない壮大なもので、約百二十ヘクタールの土地に宮殿、官庁の建物、塀、門、井戸、側溝などの建設工事が進められた。平城宮・大極殿は「天子南面す」のことばどおりに北に位置して、南の正門・朱雀門から九条大路の羅城門までの三・八キロを幅約七〇メートルの朱雀大路がまっすぐに貫いていた。

外国使節を招いて恥ずかしくないような、礎石の上に瓦葺きの唐風の建物、丹塗り（赤）の柱、緑の連子窓などが連なる国際都市だった。目や肌の色も衣服も髪型もさまざまな国、地域、民族の人たちが集まってとても繁栄していた。数万人（十数万とも）の人々が暮らしていたという。

この都市建設は中国隋・唐の都、長安（現西安）の模造である。ほか官位制度、律令の制定、貨幣鋳造などの政、生活や思想、習慣

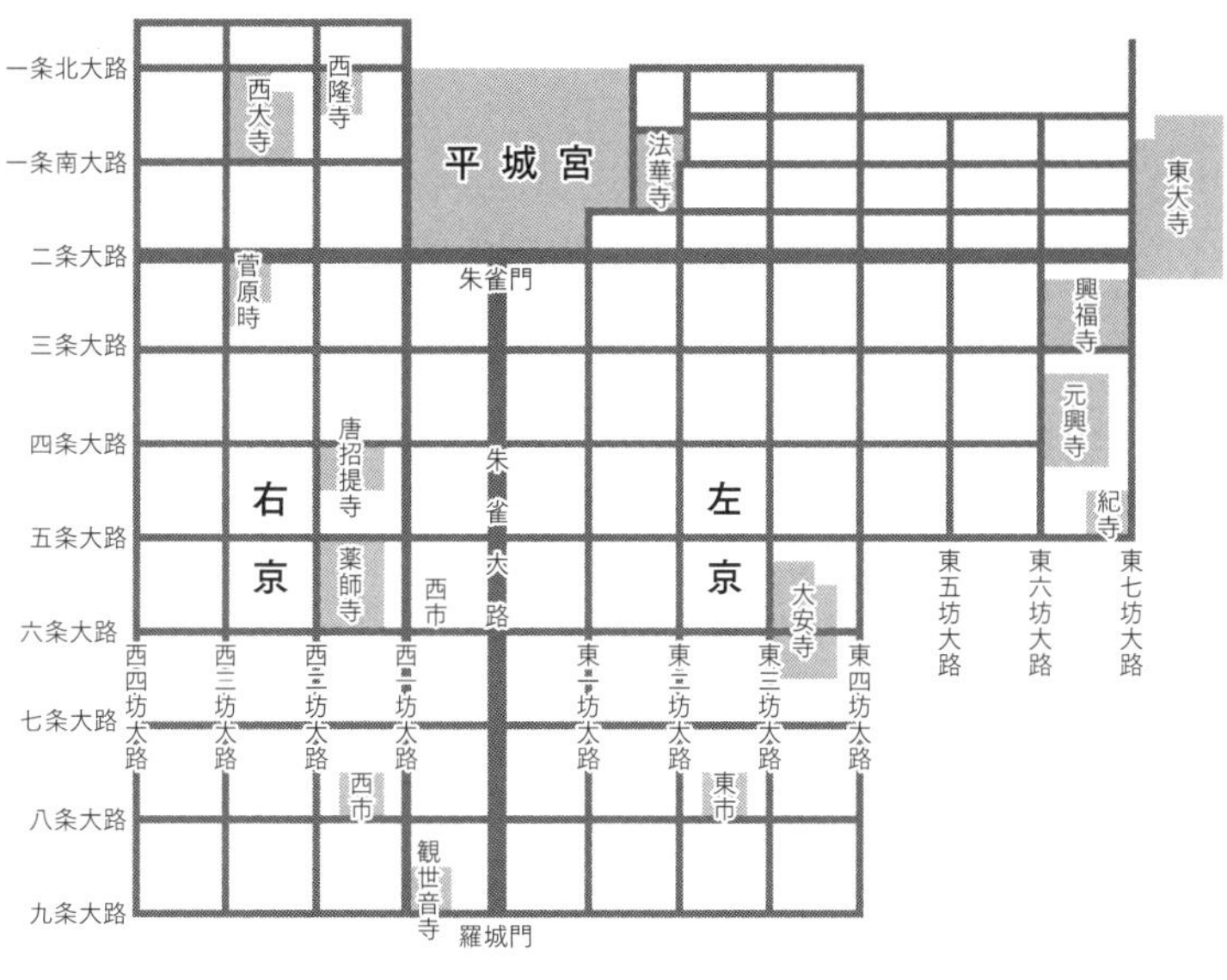

平城京略図

に至るまで、日本は実に多くの文化を中国から輸入してマネして国家を整えてきた。世界の四大文明の一つとして古くから発展してきた中国は、当時のアジアでは最も進んだボス的文明国家であって、周囲の国々は大中国に追いつけ追い越せと競っていた。

もっとも、一歩都の外に出れば、庶民は変わらず竪穴式住居に住み貧しい暮らしであった。

最初の音楽交流

文化の流入は音楽、楽器、舞踊においても例外ではなく、最初の音楽交流は半島との交流であった。

四五三年、允恭（いんぎょう）天皇の葬儀に新羅王が楽人八十人を参列させた。

朝鮮三国と白村江の位置

五五四年、百済の楽人が四人来日して、前任者と交代。六八三年、**三国楽**（高句麗楽　百済楽　新羅楽）が奏された。という記事がのこる。

また、推古天皇の〝摂政〟として活躍した聖徳太子は、仏教の興隆のために「三宝（仏・法・僧）を敬え」「供養のためには蕃楽を用いよ」と、大陸音楽を取り入れることを奨励した。

六一二年には百済の人を大和に住まわせて〝**伎楽**〟を伝えさせた（註2）。

これは、金剛、呉公、力士などの登場人物が仮面をつけて練り歩き、コミカルな無言劇を演じる仮面劇である。正倉院のみでなく法隆寺、西大寺などにも多くの仮面と衣装がのこされている。（註3）

迦楼羅（ガルーダ）は鳥の仮面で、口から火を吐き毒蛇を食べちゃうというインド神話の伝説の鳥をあらわす。西域「胡の国」の王様は酔っぱらって赤い顔をしているし、ふつうはとてもえらいお坊さまの婆羅門が、オムツを洗うシーンなんかがあって、沿道の庶民の笑いをさそったことだろう。これは「呉楽」ともいい、呉服とおなじく呉の国の芸能だった。

とはいえ、日本の朝廷は朝鮮半島の三国とは仲がよかったようだがケンカもした。百済に味方をした白村江の戦い（六六三年）では、はるばる出兵した挙句に、唐・新羅の連合軍にコテンパンに負けたりもしている。

東大寺大仏開眼供養会

天平勝宝四年　夏四月　盧舎那大仏の像成り開眼す
この日　天皇みずから文武百官を率いて　斎を設けて大会す
僧一万を請す　雅楽寮及び諸寺の種々の音楽
王臣諸氏の五節舞　久米舞　楯伏　踏歌などの歌舞　東西より声を発して庭を分けて奏す
斎会の儀式未だかつてこの如く盛なるはあらず　『続日本紀』

このように、東大寺の大仏開眼供養の法会（七五二年）のときには、大仏殿前の舞台で数百人の楽人舞人によって大陸、半島などアジア中の音楽、舞踊が披露された。国家としての威信を周囲に示すための一大イベントだったのである。

注目したいのは、七〇一年の「大宝令」ですでに治部省のなかに〝**雅楽寮**〟（和名・うたつかさ）

という官庁が設置されていて、音楽を仕事とする専門家が存在していたということだ。ジャンルごとの先生である〝楽師〟と、生徒の〝楽生〟の人数や給料もわかっている。

正倉院の楽器

奈良の東大寺に、当時の貴重な文物をおさめた正倉院があることはよく知られている。

正倉院とは、光明(こうみょう)皇后が、七五六年に亡くなった夫・聖武天皇の遺品をおさめた倉のことである。その宝物が千三百年もほとんど当時のままの姿でのこされているのは、世界的にみてもたいへんめずらしい、貴重な遺産だといえる。

約九千点といわれる正倉院宝物には、宮廷儀式に使われた道具から、書、家具、装束、香木などの日常生活品まで、いろいろな種類の物がある。

そして、そのなかには十八種類、七十五個の楽器もおさめられているのだ。最近の研究では、日本でも製作できるようになっていたようであるが、その原型はほとんどが大陸、半島から渡ってきた（次頁表参照）。

これだけの八世紀の楽器のコレクションというのは、世界でもほかに例がない。

このなかには、現在でもさかんに演奏されているものも、また日本では伝わっておらず幻となっ

箜篌

伽耶琴の演奏

ている楽器もある。

「正倉院の楽器」 太字が現在日本でおこなわれているもの

弦楽器	**琴**（七弦琴）・瑟・**箏**・新羅琴・**和琴**・箜篌・**琵琶**・五絃琵琶・阮咸・七絃楽器（旧名不詳）
管楽器	**尺八**・簫・**横笛**・**笙**・竽
打楽器	腰鼓・二ノ鼓・方響

たとえば**新羅琴**は、現在韓国でさかんに演奏されている伽耶琴のことだ。十二弦の箏で、世界の民族楽器で日本の箏にもっとも近い、兄弟のような楽器である。

「**箜篌**」というのは竪型ハープで、古代アッシリア発祥といわれ、ササン朝ペルシアなどの遺跡や遺物にみられる。正倉院には残欠しか残っておらず、日本では伝えられていない。

しかし中国・上海の楽器博覧会「ミュージック・チャイナ」で

は、いろいろな大きさのカラフルな箜篌が商品として並べられていた。

正倉院宝物（ほうもつ）のなかでも、有名な「**螺鈿紫檀五絃琵琶**（らでんしたんごげんびわ）」ははるか西域のにおいを感じる。

琵琶にはペルシア系の4弦と、インド系の5弦のものがあるが、現在伝わって演奏されているのはほとんどが四弦（よげん）琵琶で、五弦琵琶はシルクロードのクチャという所の壁画に描かれているほか、実物は世界でこの1点しか残っていない。（現代の楽器は改作されて5弦のものもある）

紫檀の胴にラデン細工で熱帯の木、唐花模様、リボンをくわえて飛ぶ鳥や、コハクやべっ甲で見事な花などの装飾がほどこされている。撥面（ばちめん）には、ラクダに乗って四弦琵琶を奏でる西域の人物が描かれていて、すばらしい美術品でもある。

実際にこの楽器が演奏されていた証拠に、実物には丸めた2本のスペアの糸がはさんである。

八世紀のこのようなコレクションが今までこれほど完全に残されているのはなぜなのか。

その理由はいくつか考えられるが、日本では宮廷、寺社などというものを特に敬（うやま）ってたいせつにしてきたということがある。昔の物や習慣を重んじてずっと伝承してきた人種であったことなどがその理由のひとつであろう。

また、島国のため大陸の国と比べて、周辺国の他民族との接触が少なかったということも幸いし

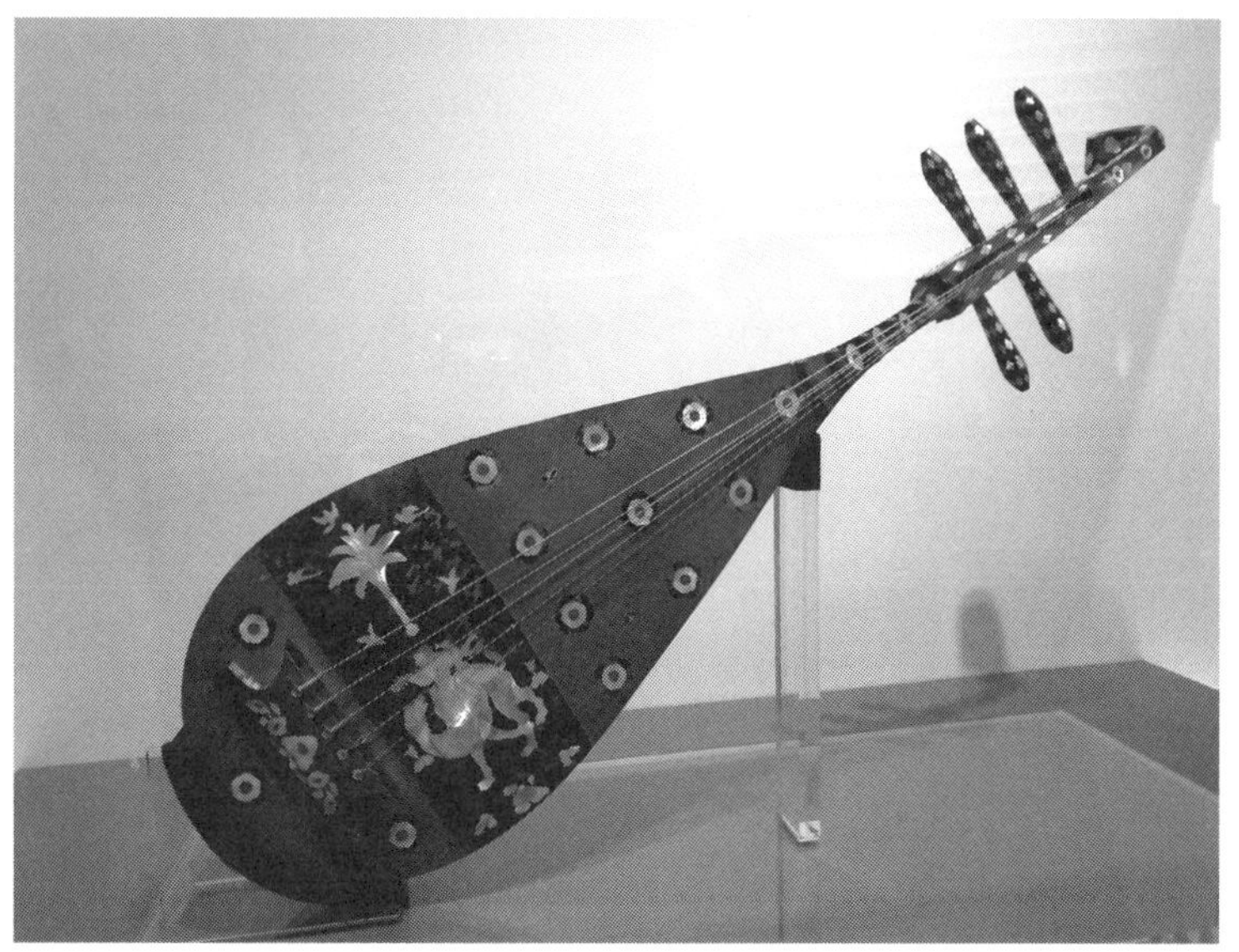

螺鈿紫檀五絃琵琶（複製）

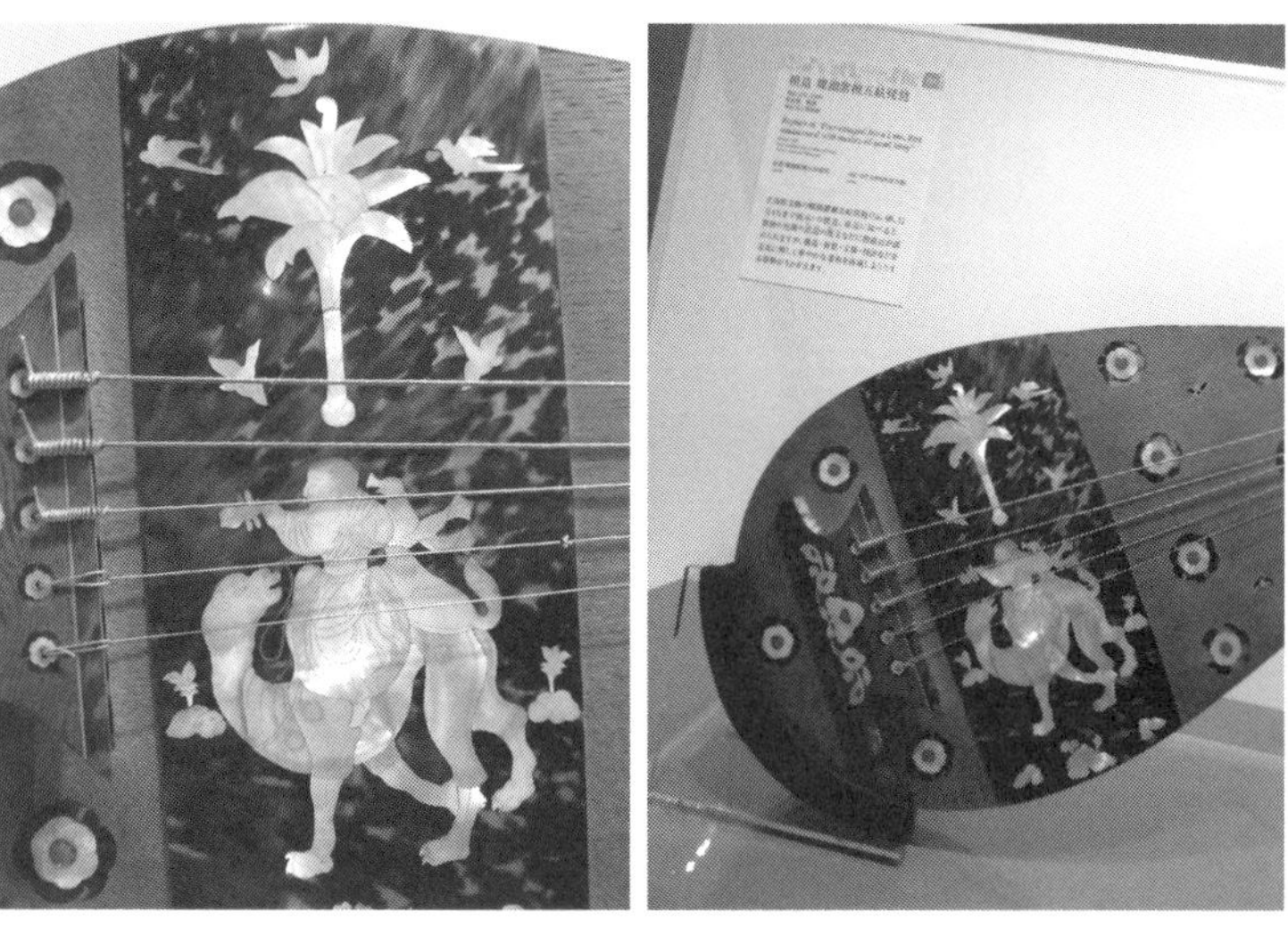

撥面に描かれている西域人

たと思われる。

古代日本は、その後の時代よりずっと国際的で開かれていた。

しかし、はなやかな政治面や文化とともに、海外との交流は要らないものまで輸入した。

七三六年に派遣した遣新羅使が天然痘を持ち帰ってしまったのだ。感染病の知識のなかった当時のこと、平城京は大感染地となり、翌年には政治のトップであった藤原四兄弟はじめ人口の三分の一（一〇〇万とも一五〇万人とも）が犠牲になった。

江戸時代、幕末期に流行り多数の犠牲者を出したコレラは、ペリー艦隊の乗員が中国経由で長崎にもたらしたとされている。

そして令和の現在、二年近く世界が新型コロナウイルスに苦しめられている。

今年二〇二一年は、聖徳太子（厩戸皇子・五七四－六二二）の千四百年遠忌にあたり、法隆寺（世界遺産）において伝統に則った法要がおこなわれた。世界平和と疫病退散を願う表白（註4）が、管長によって読み上げられ、南都楽所（註5）が舞楽を奉納した。東京国立博物館においては特別展が開催され、貴重な法隆寺ほかの宝物を目近で見ることができた。

どんなに科学文明が進歩しようが、歴史はくり返すのだろうか。天平のパンデミックのときは、橘諸兄という有能な人物が出て数々の復興対策を推し進めた。令和の国難にも待望されている。

（註1）六〇〇（推古八）年に倭王の使者が隋に行ったと『隋書』にみえるが、『日本書紀』には記録がない。

（註2）百済の味摩之（みまし）という人を大和の桜井に住まわせ、真野首弟子（まののおびとていし）、新漢済文（いまきのあやのさいもん）という二人の少年に伎楽を伝授させた。

（註3）師子（しし）、師子児（ししる）、治道（じどう）、呉公（ごこう）、呉女（ごじょ）、金剛（こんごう）、迦楼羅（かるら）、崑崙（こんろん）、力士、婆羅門（ばらもん）、太狐（たいこ）、太狐児（る）、酔胡王（すいこおう）、酔（すい）胡従（こじゅう）がある。

（註4）表白：法会の初めにその趣旨を仏前で読み上げ、本尊、大衆に告げること。またその願文（がんもん）。

（註5）南都楽所：京都に対して、奈良を中心とする雅楽の組織。

第3章

日本の雅楽が完成

平安京のダークサイド　華ひらく宮廷・貴族文化

仏教の経典に、

「乳より酪(らく)を作り、酪より蘇(そ)を作り、蘇より醍醐(だいご)を作る。醍醐は最上の美味」

とある。ここから「醍醐味(だいごみ)」という語が生まれた。

飛鳥、奈良時代はのちの時代よりずっと国際的で開かれていた。貴族たちは唐風の衣類に身を包み靴をはきベッドに寝て、意外にもチーズ（蘇）やヨーグルト（醍醐）も食べていた。

おもに中国を手本としてさかんに輸入した政治経済のノウハウや文化を、日本人は好みに合うものだけをあたためて成熟させ、そして独特の日本文化に育てあげた。中国の模倣を離れて、自分たちの国風文化をはぐくんだのが平安時代である。

最近は鎌倉時代の始まり、つまり平安時代の終末は通説が変わってきているが（註1）、始まりの遷都はウグイスが鳴いた年から変わらない（年代のおぼえ方「七九四(なくよ)ウグイス平安京」）。

周囲の地形が四神思想（註2）にあてはまっているという平安京は、以後千年以上日本の都となる。中国の長安をまねて、北に政治・儀式をおこなう大内裏(だいだいり)とそのなかに天皇の住まいである内裏がある。そこから南にメイン通りである朱雀大路がつらぬく。幅八四メートルもあったらしい。

その東が左京、西側が右京で、貴族たちは左京の四条以北に住んだ。さらに、遷都造営とともに造った西堀川の氾濫などによって右京は人が住める地ではなくなり、人は左京にあつまっていた。人口は一〇～一二万だったと推定されている。

平らかで安らぐ世？

日本音楽史は、その時代々の担い手層がたずさわった芸能音楽が主流を占めてきたという特徴がある。平安時代はなんといっても政治文化の中心はキゾクであった。

寝殿造りの家に牛車（ぎっしゃ）、衣装も日本風となり、「源氏物語絵巻」の世界となる。

ただし歴史は一面のみをながめてはいけない。華やかな貴族文化が栄えたいっぽう、この四百年近い間には、相次ぐ内乱、謀略、強盗事件、天変地異、疫病、飢饉が勃発（ぼっぱつ）、庶民の状況は国宝の「餓鬼草紙」にみられるように悲惨なものであった。

このときの都の貴族たちのお仕事は、といえば儀式、宴会、占い、祈とう（ついでに呪（じゅ）

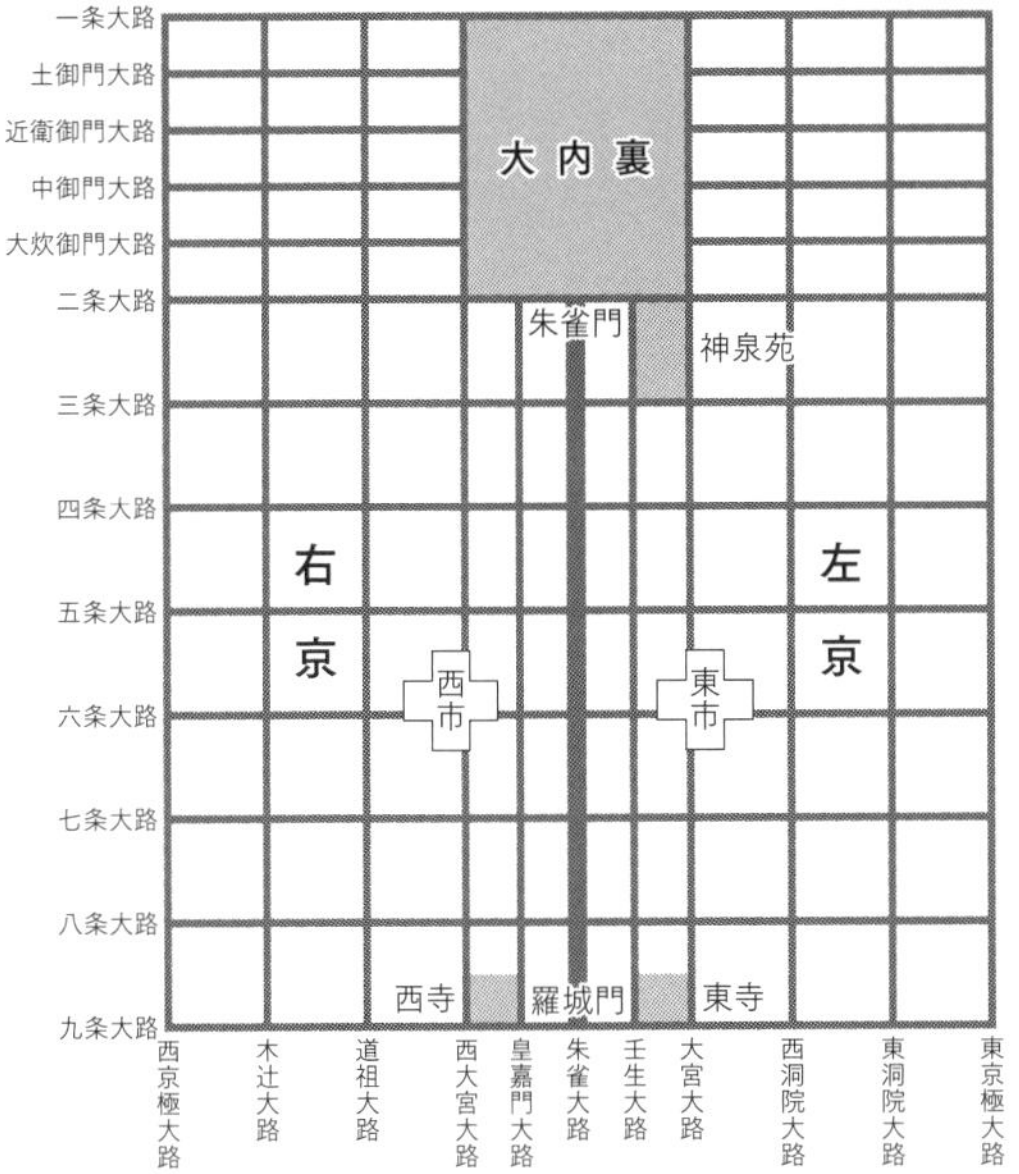

平安京図

貴族の生活（「源氏物語絵巻」国立国会図書館デジタルコレクション）

「餓鬼草紙」（国立国会図書館デジタルコレクション）

詛？）が中心で、政治のことを「政・まつりごと」とよぶくらいである。その日の占いの結果によってマジで出勤やお出かけを中止したり、方角が悪いからとわざわざ遠回りをしたりしていた。今年（令和三年）は丑年、平安時代には貴族が新居に引っ越す際には黄色の牛（？）を牽き入れたのだそうだ。

「餓鬼草紙」（国立国会図書館　同上）

土公神を鎮める意味があったとか。

地方に乱が起こったり飢饉になったりしたら、

「困ったことでおじゃりまするのぉ」

と、どうしたらよいのか天と神サマにお伺いを立てた。日照りが続けば雨乞いをした。天変地異は菅原道真や平将門の怨霊のようになにか悪いヤツの仕わざであり、宮中の紫宸殿に落雷したときはおどろきひっくり返って「祟りを鎮めたまえ～」と祈った。

そこで大活躍したのは、安倍晴明で有名な呪術の専門家、陰陽師である。

陰陽師ときくとなんだかアヤシイ呪術やら異常現象を想像するが、元は「陰陽寮」という役所に仕えるれっきとした国家公務員であった。主な仕事は天文を観測して暦をつくり、「漏刻」とよぶ時刻を測定、異常の予兆があれば帝に報告した。中世以降は安倍氏の子孫、土御門家が代々陰陽道の長として繁栄した。

寒川神社境内の渾天儀

エジプト、マヤ、インカ帝国など古代文明でも、王の仕事でもっとも重要なことが暦を知り、農作業の時期を指示することであった。世界中に太陽と方角の観測がおこなわれていたことを証明する遺跡が発掘されている。

相模国の一之宮である寒川神社（神奈川県）は、全国唯一の八方除の神社として約千五百年の歴史をもつ。その方徳資料館では、陰陽道、天文・暦法、方位信仰の解説展示をくわしく見ることができる。

雅楽の発展

おなじく芸能音楽も、儀式のなかの典礼音楽、つまり娯楽ではなく「**礼楽思想**」にもとづいた政の一部であった。飛鳥、奈良時代におとなりさんからどんどん入ってきたものを取捨選択、整理して日本の文化として確立した。その芸能音楽を「**雅楽**」と総称する。

雅楽という語は「雅な音楽」、つまり下々ではなく宮廷・寺社など身分の高い上流階級の層がたずさわったものをさす（註3）。

雅楽のなかの外来音楽（註3の②）には、舞をともなう〝**舞楽**〟と器楽合奏の〝**管弦**（絃）〟がある。

貴族の年中行事は元旦に始まり、二日の皇后、東宮主催の儀式、七日の白馬節会（註4）、十六日の踏歌節会（註5）……季節ごとに曲水の宴、花見の宴、端午の節会、藤花の宴、重陽の節会に月見の宴、など春夏秋冬、宴が絶えない。また皇族たちの歳のお祝い（誕生日ではなく「四十の御賀」

など）にも駆けつけて宴会だ。

これがお仕事なんだからウラヤマシイ。

ほか加茂神社や石清水をはじめ多くの神社での儀式では神祇の楽舞が奏され、その予行演習が宮中でもおこなわれた（〝**試楽**〟）。女御たちも喜んで見物したという。

儀式で歌舞音曲を担当するのは専門家である。

プロの音楽家、舞踊家は「**雅楽寮**」（のちに「**楽所**」（註6）も設置される）という機関に属して、「**楽人**」「舞人」として父子相伝で家の芸、技を伝える「**楽家**」を確立していった。

そして、なんと現在に至るまで芝、多、東儀家などの楽家が綿々と存続しているのだ。現代では国家公務員として、宮中晩さん会などで洋楽もふくめて音楽を担当しておられるそうだ。

伊勢神宮　舞楽

舞楽・左右両部制

二〇二〇年、京都の醍醐寺が所蔵する俵屋宗達筆の「舞楽図屏風」

「舞楽図屏風」（醍醐寺所蔵）

（重文）を見た。いまにも屏風を抜け出して踊りまわりそうな舞人たちが生き生きと描かれていた。この《陵王》と《納曾利》という演目の衣装は赤と緑である。

なんでも中国のマネをした日本では、あちこちで左右制を取り入れた。京の街の左京と右京、左大臣・右大臣などの官職は一般によく知られるが、雅楽の世界にも適用した。

平安時代後期には大陸系の〝**左方唐楽**〟と、半島、渤海の音楽をふくんだ〝**右方高麗楽**〟に二分化され、すべての外来芸能はどちらかに吸収された。

左が右より格上であり、この時すでに半島の朝鮮三国より巨大な唐との関係がまさっていたということである。

曲目、楽家の所属、衣装の色（左が赤系統、右が緑系統）、小道具、楽屋の位置まですべて左右の区別があった。

世界遺産の厳島神社（国宝・広島県）は、海にうかぶ鳥居、社殿や回廊、平舞台、能舞台で有名である。まる一日能楽を鑑賞していたら、地面に建っていた舞台が満潮時には海にうかび、見所

（観客席）との間を鹿がポチョポチョと水のなかを横切っていった。

ここの雅楽の舞台は両側に楽器の演奏場所が建っていて、平成十六年の台風では〝左楽房（さがくぼう）〟が被害にあって倒壊してしまった。

厳島神社　舞楽舞台

厳島神社　海に浮かぶ能舞台

管弦（絃）（宮内庁楽部）

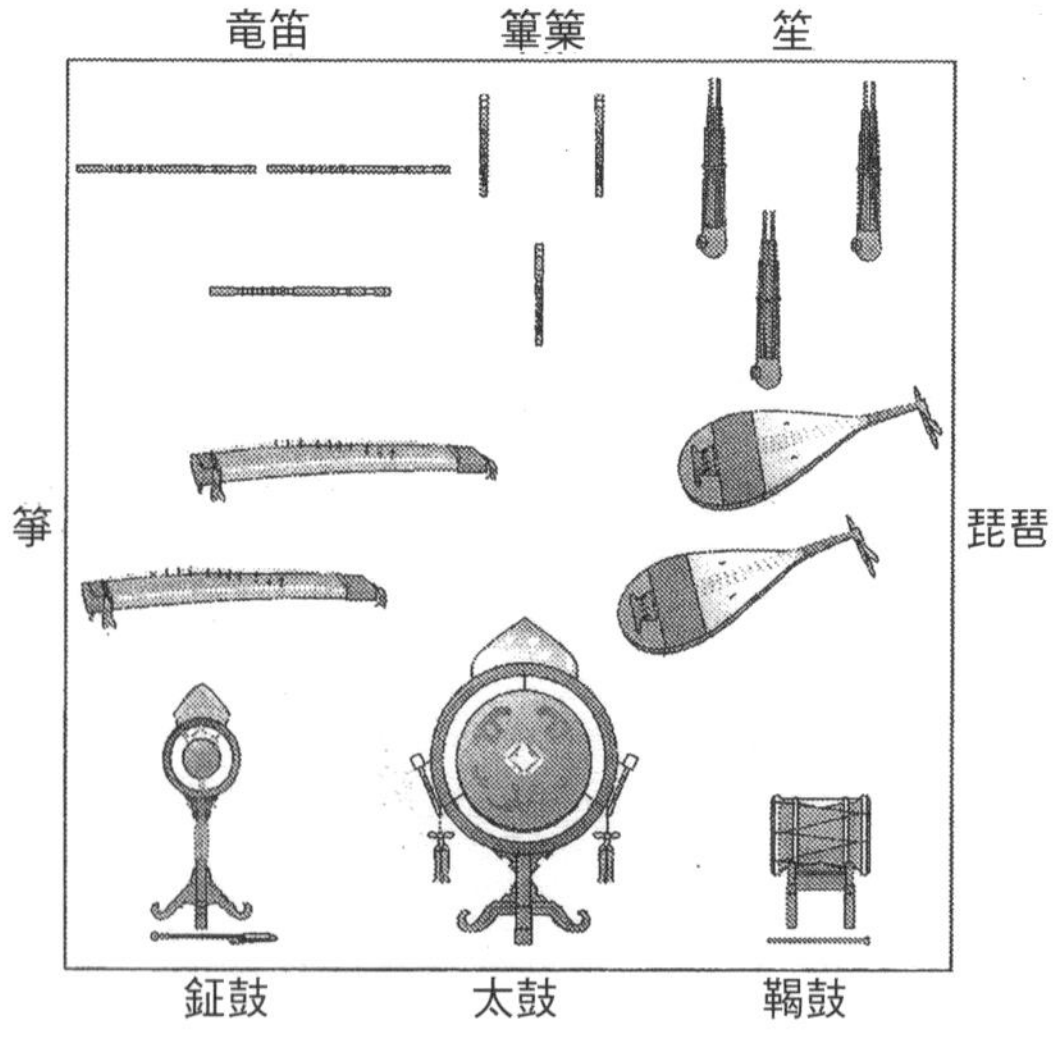

管弦（絃）の楽器

管弦（絃）

舞楽の場合、舞台の後方にあるオーケストラボックスで楽器が伴奏する。器楽のみの合奏「**管弦**（絃）」の際は舞台上に奏者がすわり、「**三管両絃三鼓**（さんかんりょうげんさんこ）」とよぶ八種類の楽器を通常十六人で奏する（図参照）。東アジアでは、古代から管弦打楽器がそろったオーケストラの音楽が完成していたのである。西洋では、ようやく教会音楽のなかで二重唱が始まったくらいであった。

このなかでコンサートマスターは前列の〝**鞨鼓**（かっこ）〟の奏者、旋律を奏するのは〝**竜笛**（りゅうてき）〟と〝**篳篥**（ひちりき）〟である。弦楽器群（箏と琵琶）は旋律を奏でない。小節の頭や区切りで決まったパターンの音型を鳴らすのみで、むしろリズム楽器の役わりといえよう。

ほかに野外でおこなうときに使われたのが、舞台両脇にデンと置かれている〝**大**（だ）（鼉（だ））**太鼓**（だいこ）〟（火焔太鼓）である。これも左右一対で、表（51頁）のように形が決まっている。

奈良の春日大社は藤原氏の氏神であり、十二月におこなわれる「春日若宮おん祭」（重要無形民俗文化財）では、夜を徹して種々の貴重な芸能が奉納される。昼過ぎから始まり、一日楽しませてあげた神さまのお子さんを真夜中におうちに送り届けるまで延々と続けられるのだが、さまざまな芸

春日若宮おん祭　東遊での和琴の演奏

春日大社の鼉太鼓

があって見飽きなかった。

当社には舞楽の面や装束、楽器が多数残されている。なかでも鼉太鼓（二〇二〇年国宝指定）は高さが六・五八メートルもある日本最大級のもので、鎌倉時代に源頼朝が奉納したと伝えられている。頼朝は、平家の南都焼打ちで焼失した東大寺大仏殿などの修復にも力を入れ、運慶ら奈良仏師を起用した。この太鼓の火焔部分も、慶派の仏師の制作による可能性もあるらしい。

大太鼓の比較

	火焔の装飾	鼓面	棹先
左方	双龍	三つ巴・赤	日輪・金
右方	双鳳凰	二つ巴・緑	月輪・銀

貴族の遊び

『源氏物語』『宇津保(うつほ)物語』（全編が琴の物語）などに語られるように、雅楽寮の専門家だけでなく、そのうち貴族自ら舞を舞い楽器を奏でるようになった。

貴族たちが集まって楽しむことを**〝遊び〟**、天皇の御前でやるのを**〝御遊(ぎょゆう)〟**といった。

なかにはプロ顔負けの貴族もあらわれ、嵯峨天皇や仁明(にんみょう)天皇は作曲もし、良峯安世(よしみねのやすよ)（桓武天皇の皇子）や源博雅（博雅(はくが)の三位(さんみ)　醍醐天皇の孫）、源信(まこと)（嵯峨天皇の皇子）などの皇族も多い。藤原貞敏は琵琶の名手として知られ、遣唐使として唐に渡り、琵琶の名器や楽譜を持ち帰ったとされる。

もとは、治安の悪い都で貴族がボディガードとして雇った武士が、地方の豪族などとネットワークを結んで台頭してくる。日本風の文化は華ひらいたものの、平安時代後期には貴族は台頭した武士によってその地位をうばわれる。

武士でありながら、都で貴族とおなじ生活をしていた平家の公達らも、舞や楽器にたずさわっていたはずだ。そして、東国で挙兵した源頼朝に都を追われ、一一八五（元暦二）年、最後は壇ノ浦（山口県）で安徳天皇を道づれにしてほろぶ。

天慶の乱（九四〇・天慶三年）で反逆者として打ち取られた平将門（註7）の首塚が、東京・大手町の超高層ビルのスキ間に建っている。神田明神の祭神にもなっている将門信仰は根強く、塚を動かそうとするとそのたびに災いがあったとか…。坂東で新天地を夢みた一人の武士であるが、その怨霊伝説からは、深い暗黒に魑魅魍魎がうごめく平安京の闇がにおってくる。

常に献花が絶えず、サラリーマンや作業員の方たちがひっきりなしにお参りに立ち寄っていた。

（註1）以前は源頼朝が征夷大将軍に任ぜられた一一九二（建久三）年としていたが、今は平家が滅亡した一一八五（元暦二）年となっている。

（註2）四神：五行思想で四方を守る神。北に玄武、東に青竜、南に朱雀、西に白虎が配置され、それぞれ地形でいえば山、川、池、道があてはめられる。色、季節、音、五臓などあらゆるものがこの思想に基づいている。

（註3）雅楽の種類には①日本古来伝わる歌舞（神楽・東遊など）②大陸、半島から渡来した芸能（管弦（絃）と舞楽）③十世紀ごろに起こった歌いもの（催馬楽・朗詠など）がある。

（註4）白馬の節会：一月七日に白馬をみると一年の邪気を払うという中国の故事にならった習慣。

（註5）踏歌：古代の群衆舞踊で渡来人により伝わった。『日本書紀』に初出、歌垣（うたがき）とともに大流行し、宮廷に入って男踏歌、女踏歌がおこなわれた。

（註6）楽所：内裏の外に置かれていた雅楽寮の、内裏の中の出張所。

（註7）平将門：下総の平氏。一族の内乱で勢力を伸ばし、一時関東を支配して自ら「新皇」と名のるが、朝廷からは反逆者として平貞盛、藤原秀郷の連合軍に敗れ討ち取られる。

琴（七弦琴）の演奏　（伏見无家氏）

I 古代年表

時代	先史時代	飛鳥時代（600〜700）

日本史 ※アジア史

16ページ参照

五三八　百済より仏教伝来

六〇三　聖徳太子、冠位十二階制定

六〇四　聖徳太子、十七条憲法制定

六〇七　聖徳太子、小野妹子を遣隋使として派遣

※六一八　隋滅亡、唐建国

六四五　大化の改新

六六三　白村江の戦で唐・新羅に大敗

六七二　壬申の乱（天武天皇即位）
飛鳥浄御原宮に遷都

七〇一　大宝律令制定

芸能・音楽

□はおこった頃
（網掛け）は西洋・東洋音楽史

B.C.古代ギリシア、西洋音楽の基礎
ピタゴラスの理論　古代中国音楽理論

四五三　新羅の音楽家、天皇の葬儀に参列

五五四　百済の楽人四名来日、前任者と交代

600頃　グレゴリオ聖歌（単旋律）
聖徳太子、大陸音楽輸入奨励

六一二　伎楽伝授

洋楽　教会旋法

唐（618〜907）雅楽、仏教音楽など栄える

六八三　大極殿にて三国楽が奏される
（新羅楽・百済楽・高句麗楽）

踏歌

七〇一　雅楽寮の設置

奈良時代	平安時代
	800 … 900

七一〇　平城京遷都
　七一二『古事記』
　七二〇『日本書紀』
七三七　疫病流行、藤原四兄弟感染死
　七五九頃『万葉集』
七六四　藤原仲麻呂の乱
七九四　平安京遷都
八〇四　空海・最澄渡唐　蝦夷(東北地方)平定
八一〇　藤原薬子の乱
　摂関政治始まる
八九四　遣唐使廃止
　九〇五『古今集』
　※九〇七　唐滅亡
九三五　平将門の乱
　※九三五　新羅滅亡
九三九　藤原純友の乱

七五二　東大寺大仏開眼会
大規模な声明とアジア中の楽舞
東遊
オルガヌム・ポリフォニー(多声楽)出現
八〇五　最澄帰国、天台宗を開く
八〇六　空海帰国、真言宗を開く
八三九　藤原貞敏、唐より琵琶、箏の音楽を伝える
催馬楽
ネウマ譜登場
九四八　楽所設立

平安時代

1000　1100

日本史　※アジア史

※九六〇　宋建国

摂関政治発展

『源氏物語』『枕草子』

『宇津保物語』

一〇一七　藤原道長、太政大臣

一〇二四　京都大火（一〇七九にも）

延暦寺、園城寺の闘争始まる

一〇五一　前九年の役

一〇八三　後三年の役

一〇八六　院政の始まり（白河上皇）

『今昔物語』

一一五六　保元の乱

一一五九　平治の乱　武士の台頭

一一六七　平清盛、太政大臣

一一八〇　源頼朝挙兵

一一八五　源頼朝、鎌倉幕府開く、平氏滅亡

芸能・音楽

□はおこった頃　（網掛け）は西洋・東洋音楽史

[猿楽]

田楽法師の出現

[今様]

一〇九六　田楽大流行

一一三七　春日若宮祭で散楽、田楽

中世ヨーロッパ宮廷音楽家・歌人活躍　吟遊詩人

一一七九？　**『梁塵秘抄』**（後白河法皇）

[白拍子]

1200

一一九二　頼朝、征夷大将軍

第2部

中世

第4章

武士による政権樹立
鎌倉ドノの革命

中世芸能の誕生

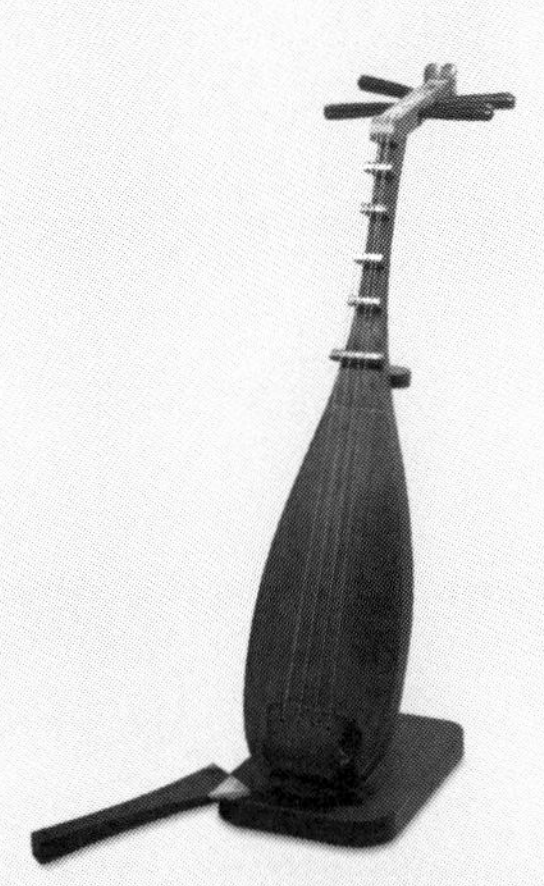

弁慶（べんけい）・義経（よしつね）・富樫（とがし）といえば？……そう、《勧進帳（かんじんちょう）》（註1）。

歌舞伎で人気演目の一つで、以前より中学校の音楽の教科書にも載っている。

もとは能の《安宅（あたか）》からきた演目で、筋は「義経物」の代表としてよく知られている。

「判官（ほうがん）びいき」ということばがあるが、どうも日本人は悲劇のヒーローがお好みのようだ。「判官」とは「兵衛尉（ひょうえのじょう）」という位のことで、源九郎義経をさす。

義経が、京都でこの位を勝手にもらっちゃったことが大炎上の原因のひとつとなった。平家を壇ノ浦で滅ぼした（一一八五・元暦二年）にもかかわらず、兄・頼朝（よりとも）の勘気をこうむり奥州の藤原氏を頼って落ちのび、結局その頼りにした藤原氏に衣川で討たれた。

途中では愛する静御前との涙の別れなんかもあって
「そんな義経さんがかわいそう……」

と、日本中の判官びいきが、実はかれは生きていて東北、蝦夷（えぞ）（北海道）まで逃げのびた、とか、あげくは大陸にわたりチンギス・ハーンになったなんていう「義経伝説」を作り上げてしまった。

《勧進帳》はその逃避行の途中、北陸路の安宅の関（石川県小松市）での物語である。能登地方にも数々の伝説が残るが、義経一行が北陸を通ったという史実の証拠も記録もない。

実はこの北国落ちも、カッコいい貴公子の義経像を作ったのも『義経記（ぎけいき）』という室町時代のフィクションである。

それはさておき、なぜ義経は追討命令を受けるほどお兄ちゃんに怒られてしまったのか。

かれは戦はうまくても、兄・頼朝の「武士による政」という根本的な改革理念、意図をまったく理解していなかった。都に滞在中に、英雄扱いされて舞い上がり、後白河法皇や公家たちの権謀術数のターゲットにされてしまった。

弁明しようと向かった鎌倉に入ることも許されず、とどめられた腰越（神奈川県）から頼朝宛に書いた手紙には、

「がんばって働いたのにボクの何がいけないの？　どうして位をもらっちゃダメなの？　源氏にとって名誉なことじゃない」

【アララ、ほんとうに何にもわかってないじゃない】（心の声）

頼朝としてはここで弟だからと温情をかけては、一族の命と家運をかけて旗揚げしていっしょに戦ってくれた坂東の御家人たちにしめしがつかなかったのだ。

安宅の関　三人の銅像（小松市）

武士による政権樹立

古代から中世へと大きくダイヤルを回したのが源頼朝（一一四七－

一一九九）である。

平治の乱（一一五九・平治元年）で頼朝の父・義朝が平清盛に敗れて以来、平家が政治をおこなってきた。しかし武士であるにもかかわらず、平氏政権は腐敗した貴族政治を踏襲しただけであり（清盛は日宋貿易で経済を発展させた功績もあるが）、後白河法皇に翻弄されるなどしだいに衰退するありさまであった。

一一八〇（治承四）年、以仁王（後白河法皇の皇子）が平家追討の令旨（天皇の命令）を諸国の源氏に発信する。それは伊豆に流されていた頼朝のもとにも届き、のんびり暮らしていたのだが（奥さんの北条政子にお尻をたたかれたか）、関東の諸豪族の協力を得て旗揚げする。

鶴岡八幡宮（鎌倉市）

それからは一時負け戦もあったが、いく度かの「源平の合戦」の末、前記のように平家を滅ぼし、一一九二（建久三）年、征夷大将軍に任じられて鎌倉に最初の武家による政権である幕府を開く。

これは世の中の大きな変化であり、「魔物の棲む」都のシガラミから離れて源氏の本拠である関東を政治の拠点としたことでも、その改革性がうかがわれる。

白拍子・今様

古代と近世の狭間で混沌としたこの時期は、日本文化の基礎がかたまる形成期であった。貴族文化が庶民に下り、庶民の芸能がその自由奔放さ、めずらしさから上流階級に上がって交じり合った。

先ほど登場の義経の愛人、静さんは〝**白拍子**〟だった。これは十二世紀におこった高級な遊女のことで、その女性たちがおこなった芸能の名でもある。

後白河法皇や平清盛にもごひいきがいて、静御前のほか祇王、祇女、仏御前、千手の前、亀菊などの名が伝えられている。女性の名など残ることはめずらしい時代なのに、宮中の宴会にコンパニオンとして入りこんだり、寺社の芸能にとり入れられたりしたせいであろう。

彼女たちは白い水干に立烏帽子、太刀をはき扇を持って舞ったので、男舞ともよばれた。男装の麗人が人気の的になるのは、阿国のかぶき踊（歌舞伎の始まり　第7章参照）から現代の宝塚まで続いている。〈いつの時代でも人間って変わらないね〉

平安時代末期に発生した〝**朗詠**〟（註2）〝**今様**〟などをうたい、足拍子をふみながら舞う舞踊であったらしい。

白拍子

頼朝に「日本一の大天狗」と言わしめたくらい、平安末期に陰の黒幕として暗躍した後白河法皇。この人がはまっちゃったのが〝今様〟。その名のとおり「当世風」、つまりナウい（古いか）という意味の新興歌謡だ。一般民衆のなかから生まれた。

もとは仏教や神楽などのありがたーい歌を、庶民にもわかるようなくだけた歌詞で神仏への信仰、子を思う親心、男女の性愛、社会風刺などを歌っている。歌のみであったり、扇で拍子をとったり、時には鼓なども使われたようだ。

「遊びをせんとや　生まれけむ　戯れせんとや　生まれけん」

後白河さんがハンパでないのは、身分の卑しい遊女を先生として御所に招いて、朝から晩まで、喉がはれて水も飲めないくらいになるまで練習したそうな。十五日間連続で「今様合」（今様の歌合戦）を開催してお気に入りの公家たちを付き合わせてもいる。

【私もこれくらい練習熱心だったら、もう少しマシな演奏ができるのにね…】

政治的には世の中が大混乱のときに、朝廷の権威を保とうとしてかき回しただけの人物だったが、**『梁塵秘抄』**（註3）という今様の歌詞集を編さんしたのは大きな功績である。芸能史研究はもちろん、当時の社会の風習を知るのにたいへん貴重な史料となっている。

「仏は常にいませども　現ならぬぞあはれなる
人の音せぬ暁に　ほのかに夢に見えたまふ」

（仏はいつでもおられるのに目には見えないことが尊いのだ。
だれもいない暁にうっすらと夢にあらわれる）

こんな今様の歌詞もある。

「女の盛りなるは　十四五六歳　廿三四とか
三十四五にし盛りぬれば、紅葉の下葉に異ならず」

（ピチピチギャルは十代まで　女盛りは二十三、四歳　三十なかばになったら紅葉の下の枯れ落葉）【ナ、ナント失礼な！】

後白河法皇

平家琵琶

鎌倉幕府は結果的に源氏の将軍は三代しか続かず、三代実朝が鶴岡八幡宮で暗殺されて以降は、北条氏による執権政治となってしまった。まだ盤石とはいかなかった幕府と、京の朝廷や公家勢力との確執があって混乱が続いた時代であった。

一二二一（承久三）年には後鳥羽上皇が討幕の兵を挙げるがあえなく失敗、隠岐に流される（承久の乱）。これが、公家と武家との初めての戦といえる。

国内も混乱しているというのに、おとなりの巨大国家・元が家来になれと言ってきたのを無視したところ、いきなり大水軍が二回も九州に攻めてきた（註4）。元の兵士がもつ新兵器の「てつはう」（鉄砲）のために苦戦、博多は火の海になった。偶然暴風雨が吹いて命びろいはしたが、以後政治も経済もしっちゃかめっちゃかになって南北朝の動乱に突入する。

テレビもSNSもなかったこの時代は、遠い所で戦がおこってもどちらが勝ったのか、どんなようすなのか、地方にはさっぱり情報がとどかなかった。男たちが兵としてかり出されていても、どうなっているのかを知る術もなかった。

そこで**琵琶法師**という演奏家たちが、琵琶をかかえて諸国をまわり『平家物語』などを語ってき

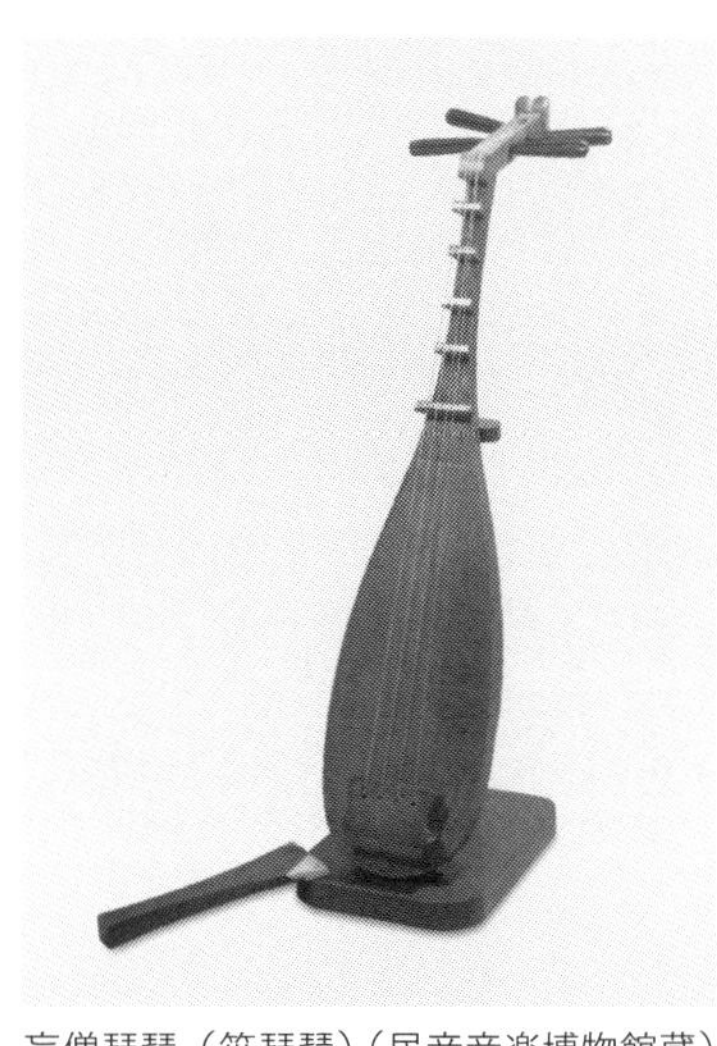

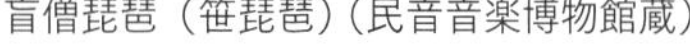

盲僧琵琶（笹琵琶）（民音音楽博物館蔵）　赤間神宮　芳一堂（下関市）

かせた。これが〝**平家琵琶**〟（〝**平曲**（へいきょく）〟〝**平家**〟）という芸能となる。

有名な小泉八雲の小説『耳なし芳一』の主人公がそれで、貴族や豪族の館にも招かれた。

琵琶は第2章で述べたように、雅楽の一つの楽器として大陸から伝わった（〝**楽琵琶**〟）。

いっぽう、このように盲人の僧が演奏した系統を〝**盲僧**（もうそう）**琵琶**〟という。大型だった楽器も持ち運びしやすいように細く変化した。その形から〝**笹琵琶**〟ともよばれる。

琵琶音楽の発生については諸説あるが、盲僧琵琶から近世以降に分かれて、現在の**薩摩琵琶**、**筑前琵琶**へと伝承されていく（註5）。

声明

ショウミョウと読む。仏教の法会に用いる声楽をさす。

法事で唱えられるお経を聞いていると、声のよいお坊さまの読経にはほれぼれする。私の実家の旦那寺のご住職は、アマチュア合唱団でも活躍されている。

当然その歴史は仏教伝来とおなじで、第2章で述べた東大寺大仏開眼会の法要では、各種の声明（註6）が数百人の僧侶によっておこなわれた。さぞ荘厳な迫力のある大合唱が響きわたったことだろう。

なぜこの章で紹介するかといえば、伝説の類はたくさんあるのだが、奈良時代から平安時代にかけて唐にわたった僧が伝えた声明を基本として、現行の形には中世に整備されたとされているからだ。インドで生まれた仏教がシルクロードを東へ伝わり、その過程で梵語（サンスクリット語）、漢語、日本語とその国の言語のものが発生してきた。

平安時代は二大宗教である天台宗、真言宗に伝わる声明が中心であった。

それが鎌倉時代になってあたらしい仏教が多く生まれると、それぞれが独自の声明音楽を展開するようになった（註7）。

天台声明は京都・大原の勝林院（一〇一三年創建）が「声明の聖地」とよばれ、最古の声明の記録が残る。芸道とおなじように秘曲を伝授されたという「系統図」が伝えられ、そのなかには後白河法皇や室町幕府三代将軍足利義満の名前もある。義満は、天皇家の法事に武士として初めて参加して、リードボーカルをつとめたことが記録に残っている。

天台声明も真言声明も、伝承の途中で多くの流派に分かれて、明治以降になっても完全に固定はされていないという。声楽、しかもアカペラというもっとも流動的な芸能であるがゆえの変化といえよう。

ただ、重要なのはこの中世の声明が、以降に発生したほかのさまざまな芸能の成立に大きな影響を与えたということである。

とくに、前述の平曲、能の謡曲、浄瑠璃（じょうるり）にまで影響を与えている。

それは音楽のみならず、記譜法にもいえる。謡曲の楽譜などの、歌詞の漢字の横に書いてあるテンテン、クニャクニャとした記号の〝ゴマ点〟は声明からきたものである。

唐文化をまねた平安時代に対し、宋文化の影響を受け、貴族と武士、庶民文化の二面性をもったのが鎌倉時代であった。

芸能もおなじ。古代の要素が変化したり、あたらしい薬味が加わったりしてガラリと雰囲気が異なり、一般庶民が担い手となっておこなうものが登場した。寝殿造りの御簾の内で少数の貴族やお姫さまたちだけがたずさわっていたものとはちがって、これらは躍動感と勢いがあった。生命感あふれる力があった。

ただ、そのような芸能はすぐに変化したり、吸収されたりとさまざまに形を変えたことも特徴のひとつであったと思う。

経本（「正信偈」の冒頭）

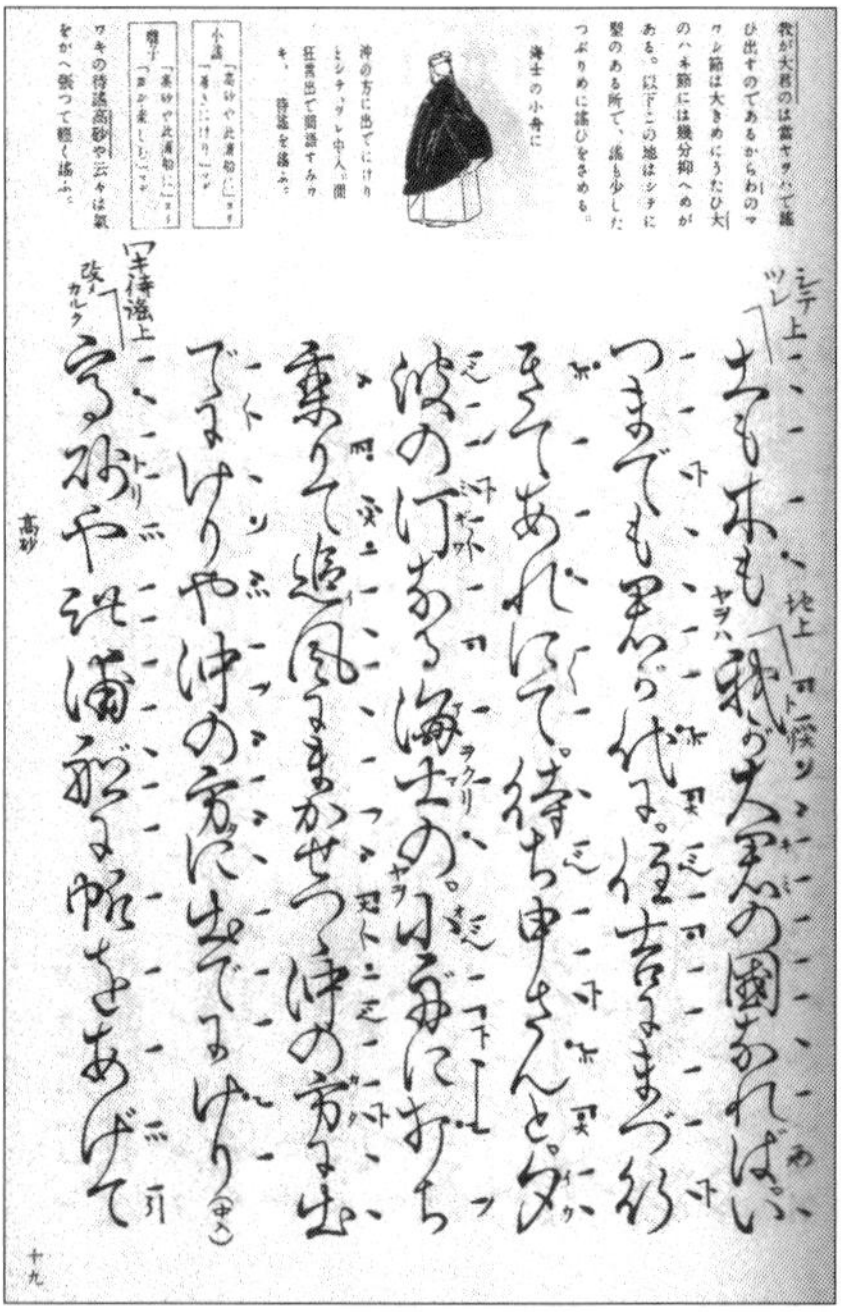

宝生流謡本《高砂》

（註1）勧進帳‥寺社が修築や再建などの費用を募るための趣意書。

（註2）朗詠‥催馬楽などとともに雅楽の一種に分類され、平安時代中期以降に発生した芸能。中国、日本の漢詩、漢文を日本読みにして歌うもの。

（註3）『梁塵秘抄』と『梁塵秘抄口伝集』があり二十巻のうち現存しているのは十分の一程度。後者は神楽、催馬楽など古来の歌謡、今様の起源伝説、自身の今様修業の自叙伝である。

（註4）文永・弘安の役　一二七四（文永十一）年と一二八一（弘安四）年の蒙古襲来（元寇）。

（註5）「近代琵琶」ともいい、薩摩琵琶は江戸時代中期、筑前琵琶は明治になって、どちらも九州で誕生した。

（註6）唄匿（唄）、散花、梵音、錫杖の四種。この四種を伴う法要を〝四箇法要〟という。

（註7）法然の浄土宗、親鸞の浄土真宗、日蓮の日蓮宗、道元の曹洞宗、栄西の臨済宗など。

第5章

室町幕府と南北朝　混沌とした京の武家政権

能楽・日本文化のできあがり

後醍醐天皇御像
（国立国会図書館デジタルコレクション）

ピンポーンとチャイムを鳴らし、ドアを開けて「ただいま」。フロアのダイニングでコーヒーを飲んで、じゅうたんを敷いたリビングの応接セットでテレビを見る……令和の日本では決して特別な風景ではない。

しかし、「和風」といえば、畳の部屋から日本庭園をながめ、床の間には山水画の掛け軸、備前焼の花器に季節の花。食事は豆腐のみそ汁、醤油と砂糖で味つけしたおかず、食後には日本茶……。

まだ高価で、庶民に行きわたるまで時間がかかった物もあるが、これらが生活に定着したのが、中世後半の室町時代である。

一三三三（元弘三）年、新田義貞が鎌倉を征服、逃げまどった末に鎌倉幕府・十四代執権の北条高時が東勝寺で自害して鎌倉幕府が滅亡する。

初の武家政権で堅固な支配体制を誇った鎌倉幕府は、まことに呆気なく崩壊した。源氏の血が三代でほろびてから、北条得宗家による行き過ぎた専制政治に対する反発が、全国各地に根強く広がっており、日本史上めずらしい一瞬の滅亡となった。

倒幕を企てた後醍醐天皇が、天皇による政権の復活を図った「建武の新政」をおこなう。しかし、天皇や貴族が描いた「天皇中央集権政治」は現実には起動しなかった。実際に働いた武士に十分な恩賞と地位を与えず、そのあつれきが原因で失敗に終わる。

三年後、足利尊氏が室町幕府を開き、吉野に移った後醍醐天皇が南朝を立ち上げたため、以後五〇年以上「南北朝」対立の時代となる（註1）。

スーパースター　能楽を大成

芸能史上、この時代で特筆されるのは、現存する世界最古の舞台芸術として、伝統芸能のなかで最初に世界無形遺産に登録された「**能楽**」が確立されたことである。

「能楽」とは、明治以降に登場した、能と狂言を合わせたことばである。

能楽の起源は、大陸から奈良時代に渡来した「**散楽**」という雑技にさかのぼる。これは歌舞、曲芸、軽わざ、手品、奇術などで観客を楽しませるもので、大寺院の法会の余興などでおこなわれていた。

それが、平安時代になってこっけいな（サルのような）物まねなどの演技が中心となり、「**猿楽**（申楽）」という芸能に発展する。その内容から歌舞を重視する劇が「**猿楽の能**」、本来の笑いのあるセリフ劇は「**猿楽の狂言**」とよばれるようになる。ただ、当時の実態を知る資料はほとんどないので、具体的な発達の過程はわからない。

猿楽は全国で盛んになり、大きな寺社の保護のもとに〝**座**〟（演者、作者、伴奏者などを含む劇団）を結成していった。いまの劇団ナントカ座という名前のルーツである。

南北朝時代、各地の猿楽のなかでとくに盛んだったのが**大和猿楽**（奈良）の四座と、**近江猿楽**（滋賀）の六座であった。

大和猿楽の一つ「**結崎座**」の**大夫**（座長）に、**観阿弥**（観世大夫）という天才的な役者が登場する。観阿弥は、大和猿楽に近江猿楽、**田楽**（註2）、**曲舞**（註3）など他のジャンル、流派の芸風を積極的にとり入れて、「**幽玄**」（註4）とよばれる新しい芸能を完成させ、たいへんな人気となった。

そして、その息子の**世阿弥元清**（一三六三－一四四三?）はえらいイケメンであったらしい。

一三七五（永和元）年、観阿弥が京都東山の新熊野神社で猿楽を上演していたのを、ときの室町幕府三代将軍足利義満が見物した。そして世阿弥が義満の目にとまり、その庇護を受けることになる。つまり義満がパトロンになったのである。ある公家の日記によれば、世阿弥は

「蹴鞠や連歌（註5）にも堪能で、姿かたちも見目うるわしく、どんな所作ひとつにも気品と色気がある」

とベタほめである。

当時の日本で男色（衆道）というのは習慣で、戦国大名や寺院でもおこなわれていた。武田信玄なんかは、寵童に「他の小姓とは浮気をしていない。信じておくれ」なんて手紙を残している。かたや、そんなことはとんでもハップンのキリスト教。室町時代に三〇年間ほど日本に滞在した宣教師のザビエルが、「醜い罪」とおどろいている。

とにかく最高権力者の後援を得て、観世座（元の結崎座）は大きく勢力を伸ばした。世阿弥は作能にもすぐれ、現在も上演されている演目をたくさん残している。つまり作劇、作曲、振付、監督、主演、広報、営業、プロダクション社長を一人でやっていたスーパースターだったのである。

金閣（京都市・鹿苑寺）

しかし、後ろだてとなっていた義満が亡くなり、座は勢いを失った。

六代将軍義教の世になると、実子が生まれる前に養子としていた甥の元重（音阿弥）が寵愛を受け、世阿弥は御所への出入りも禁じられる。さらに七十歳を過ぎて、芸の達人でもあり期待していた嫡子・元雅には先立たれ（次男・元能は前年に出家）、さらに七二歳のときに突然佐渡へ島流しとなってしまった。

佐渡の大膳神社能舞台

鏡板（日輪が描かれている）

舞台下の甕

京から佐渡まで一三二五里、若狭国（福井県）の小浜から船で二十日間かけて佐渡に送られた。当時すでに老境を越えた歳で都をはるかに離れ、たった一人絶海の孤島におもむく心境はいかばかりであったろうか。

いまぞ知る　聞くだに遠き佐渡の海に　老のなみ路の　船の行くすえ

流される途中の船のなかで詠んだと伝えられる和歌がすべてを物語っている。

全国に能舞台は数多いが、佐渡の野外の能舞台は初期の形を残した素朴なたたずまいである。本舞台の下にもぐると、音響効果のために埋められた甕もそのままであった。

現存する最古の能舞台といわれるのは、京都・西本願寺の「北能舞台」（国宝）である。正面の〝鏡板〟の中央に柱があるのが、古い時代の形を残している。当時はお寺の法要の合間に能が演じられ、教えを広める一助となっていた。

東山文化

三代将軍足利義満は、幕府の絶頂期に北山文化を華咲かせた。豪奢な金閣の楼上に藤若（世阿弥）をともなって、鏡湖池に映る金色の輝きを自慢していたかもしれない。

それに対して室町中期の八代将軍義政の時代は東山文化とよばれる。どちらも京都で営んだ山荘からの名前で、こちらは銀閣が有名である。

日本芸能史で名を残している人物は、政治的には無能な人が多かった。

この義政さんもその典型である。世継ぎがいなかったので、出家していた弟・義視を還俗（僧から一般人にもどること）させ後継ぎとしたあとで、妻・日野富子が息子・義尚を産んじゃった。こ

銀閣（京都市・慈照寺）

こからはお決まりのスッタモンダのお家騒動。将軍継嗣問題に加えて、管領家（註6）の畠山、斯波家の相続争いに細川（東軍）、山名（西軍）の守護大名の勢力争い、貿易利益のうばい合いまでからんで全国にも拡大、二つに分かれての大ゲンカになってしまった。

一四六七（応仁元）年に始まった応仁の大乱はその後十一年間も続き、華の都・京都は戦場となり無残に荒れ果てた。その結果、荘園制が崩壊するなど幕府の権威は地におち、各地の領国をうばい合う戦国時代に突入する。

いっぽう戦乱を逃れて多くの公家が地方に下り、文化が地方に拡散する一因になった。

山口の大内文化などはその代表である。対外貿易で富をたくわえていて、多くの公家、文人、画家、宣教師らが集まり「小京都」とよばれるほど繁栄した。瑠璃光寺の五重塔（国宝）が池に映るさまは、まさに極楽浄土のようだ。

将軍義政は、戦乱が大きくなるにつけ収めようとするどころか、「わしゃ、知ーらない」とやがて政治からまったく逃げてしまう。数寄者であったかれは、世間のことには耳をふさいで築庭や散楽などの趣味だけに没頭していった。

中世に都市に流れこんできた流浪の民、漂泊民たちが、生きる希望もない中、時宗（註7）の門徒となって阿弥号をつけ、遁世した。この宗派は、実際には出家しなくとも念仏をとなえるだけで極楽往生できると説いたからである。

かれらのような新人類が活躍して、公家文化と武家文化、禅宗がもたらした宋の文化、新興の庶民文化などがシェイクされたのが東山文化である。

結果的に日本庭園、書院造の建築様式、蒔絵、茶の湯、華道、水墨画、狩野派のような大和絵、連歌などの文化が発達した。

瑠璃光寺　五重塔（山口市）

中世の芸能

先に書いてきたように、中世にはさまざまな芸能が生まれていた。

曲舞、**幸若舞**、**呪師**（註8）、**式三番**（註9）、中楽（猿楽）……

織田信長が好んで舞ったといわれる

幸若舞　大江天満神社
（みやま市教育委員会所蔵）

「人間五十年　下天のうちをくらぶれば
夢幻（ゆめまぼろし）のごとくなり。
ひとたび生をうけ　滅せぬもののあるべきか」

は幸若舞の一節である。これは室町時代におこった芸能で、信長、秀吉、家康の保護を受けた。現在では福岡県みやま市瀬高町大江の民俗芸能としてわずかになごりをとどめる。

これらの中世におこった芸能は、すべて能楽のなかに吸収されてしまい、ほとんど独自では伝えられていない。たとえば曲舞は能のなかの「クセ」という部分に名を残しているし、式三番は能楽はじめ民俗芸能においても、最初に行われる「翁（おきな）」というご祝儀芸になっている。

言いかえれば、それくらい「能楽」が大きく、種々の要素を包括した巨大な芸能であるということだ。

でも、能楽は古典芸能のなかで一番格式が高くて、むずかしい。そして一番眠くなる。

そのとおり。でも、ほんとうにつまらないものだったら、六百年も連綿と受け継がれてはこない。その内容から武士の式楽、たしなみとされた。戦国武将に好まれて幕府や大名の保護を受け、江戸時代を通じて奨励されたことが、発展の大きな原因である。

現代は、まさに室町時代にあたらしい息吹(いぶき)がおこったと同じく、古典以外の型にはまらないものがどんどん出てきている。「これとお能がいっしょにやるの?」とおどろくような分野ともコラボレーションをくり広げている。世阿弥が見たらさぞおどろくことだろう。でも、ニンマリして楽しんでいるにちがいない。伝統と現代が融合しながら、これからさらに何百年も消えることなく伝承されていくはずだ。


(註1) 南北朝時代：一三九二年に両朝の講和が成立するまで、両朝から交代に天皇が即位、年号も二種類という時代であった。

(註2) 田楽：農耕儀礼としておこなわれた芸能。

(註3) 曲舞：中世の芸能のひとつで、「クセのある舞」、つまり正式でない歌舞という意味。現在では幸若舞や能の「クセ」という部分にとり入れられている。

(註4) 幽玄：神や亡霊など異次元のものを扱った作品。このような時空を超えた「夢幻能」に対して、「現在能」はふつうの演劇のように、現実の時間と空間のなかで進行する能。

(註5) 連歌：二人以上の人が、短歌の上の句と下の句を交互に詠(よ)みつないでいく形式のもの。

（註6）管領‥室町幕府最高の職名。将軍を補佐して政務全体を総轄する。

（註7）時宗‥鎌倉中期に一遍（いっぺん）が開いた浄土教の一派。諸国を行脚（あんぎゃ）して念仏踊りによって念仏を広めた。その僧のことを「遊行聖（ゆぎょうひじり）」ともいう。

（註8）呪師‥仏教寺院の法会の役のひとつ。鈴や太刀を用いたはげしい動作で、十一世紀ごろから鑑賞芸能となったが、能が大成されるとしだいにおこなわれなくなり、十三世紀には滅びた。

（註9）式三番‥能でも狂言でもない独特の猿楽。もとは「父尉（ちちのじょう）」「翁（おきな）」「三番（さんばん）猿楽」と三人の翁が祝福の舞を舞った。現在では「翁・三番叟（さんばそう）」として演能の最初におこなう。

第6章

安土桃山時代　戦国乱世から天下統一へ

能楽の発展　キリシタン音楽

戦乱の世

歴史好きにはたまらない時代。

群雄割拠の乱世である。戦国武将でだれが一番かという議論を始めれば、ひと晩かけても論争は終わらないだろう。

南北朝時代と戦国時代の大きな違いは、南北朝時代には重んじられていた、天皇、朝廷の権威や古い価値観が破壊されてしまったことではないか。天皇を崇拝し、血筋や出自にこだわるという意識が失われ、実力主義の乱世に突入した。

前章の応仁の乱以降、幕府というものが存在しないも同然の無秩序状態となり、日本全国（当時は北海道はふくまれない）の守護大名が力で領国をうばい合う争いをくり返した。

この時代は教科書に出てくるような人物とできごとだけでは理解はできない。有力大名だけでなく、国衆（くにしゅう）とよばれる中小領主、寺社勢力、そこに商人、農民までもが武装してグチャグチャにケンカしていたのである。

強力な武将がいても二代目、三代目で滅亡した家も多い。同盟を結んだと思ったら寝返り、暗殺、家臣が主君を弑し、そのまた家臣に裏切られる〝下剋上〟が日常茶飯事であった。

ここを書き出したらたぶんこの章が終わらなくなってしまう。また、最新の史料発見や研究によって通説や評価が変わっていることも少なくないので、ここでは戦国史には足を突っこまない。

ひとつだけ、一般に認識されていないことが多いのでふれておきたい。

「天下統一」というが、当時の「天下」とは畿内五か国（註1）をさしていたので、最初の天下人は、もっとも早く畿内を制圧した三好長慶といえる。管領細川家の執事であったが、堺などを支配して東アジア貿易で力をたくわえた。大量の鉄砲を手に入れ、一五五〇年には戦いで使用している。これは織田信長が、武田軍を鉄砲の威力で壊滅させた長篠の戦いより二五年早い。

長慶は一五五三年に足利幕府十三代将軍義輝を追放して京を支配、初めて将軍を擁立しない政権を打ち立てた。かれは教養も兼ねそなえており、南蛮貿易をおこなうためにキリスト教布教を許可していた。このあたりは信長と共通している。一時は四国もふくめて八か国の領主となったが、それは長く続かず、しだいに家来の松永久秀に実権をうばわれ、死後三好家は信長に攻めほろぼされた。

（足を突っこまないはずだったが、やはり突っこんでいる）

中庭では庶民が観賞。異国人の姿もある。

天下人と芸能

その後、織田信長、豊臣秀吉、徳川家康と傑出した人物が出て、近世へとむかう歴史はよく知られている。そして中世が崩壊、終息していくのと同時に、すぐれた工芸技術や美術による豪華絢爛な安土桃山文化が登場する。

この特徴は、新興大名や戦乱の世に台頭した都市の豪商たちが支持者となり、神仏臭のない豪壮なものであったことだ。

まず、世阿弥によって大成された能楽が一挙に華ひらき、この時代を独占するような勢いとなる。

その理由として、過去の武将をテーマにした勇ましい演目が多く、たとえ女性が主人公であってもその生きざまなどが支配層であった武士に好まれたのだろう。おな

「観能図」（神戸市立博物館所蔵／DNPartcom）　右の“見所”では高貴な身分の人たち、

じ男女の物語を描くにしても、のちの歌舞伎のような情愛をからめたなよなよしたタッチではなく、その音楽も格式を重んじた雰囲気をかもし出している。

武士の式楽として認められ、有力武将たちは競(きそ)って能役者をかかえ、自らも習って披露した。

とくに豊臣秀吉は、長い滞陣のときには役者を同行するほど能にのめり込んだ。〝太閤能〟（豊公能）とよばれ

能衣装　唐織(からおり)（早稲田大学演劇博物館所蔵）

る、自らの事績をテーマとする筋書きの能を作らせ、シテ（主役）を演じた。自己顕示欲もすごいが、出自の卑しさをまぎらわし、過去の所業の正当性を周囲に訴えたかったのだろう。もちろん見せられた者たちはこのワガママな天下人をほめそやした。内心ではシラケていたにちがいないが…。

芸術としては、豪奢な城郭建築や書院造り、その内部をかざったのは狩野一派、長谷川等伯、海北友松らの障壁画や屛風絵、村田珠光、武野紹鷗に続いて千利休が完成させた茶の湯、そこから発達した陶芸、また能衣装の需要に応えて金襴刺繡の織物業などが栄えた。

各地で金山が開発されたことも大きく、庶民層にまで貨幣経済がようやく浸透してきたのもこの時代ではないだろうか。都市が落ちついて市が立ち、食文化も変化して商品の流通が活発になった。

キリシタン音楽

あまり意識されていないのは、この時代に西洋音楽が流入していることである。洋楽が入ってきたのは明治時代と思われがちであるが、キリスト教布教を目的とした宣教師とともに、中世西洋音楽が日本にもたらされた。

日本人が初めて出会ったヨーロッパ人は、一五四三年、種子島に流れ着いて鉄砲を伝えたポルトガル人である。このときの領主、種子島時尭（ときたか）が、若いにもかかわらずこの新兵器2挺を購入しなかったとしたら（ずいぶん高価であった）、日本はさらに長い間弓矢と刀による戦闘の時代が続いたにちがいない。

一五四九（天文一八）年、イエズス会の宣教師、フランシスコ・サビエルがキリスト教布教のために薩摩国（鹿児島県）に上陸する。

前の布教地のインド、東南アジアでは多民族、多言語であったため、布教がむずかしかった。そんなときにマラッカで、罪を犯して海外逃亡していた日本人のアンジローと出会う。

「日本人は文字を読める人の割合が多くて、マジメ。それに理性的です」

とかれから聞いて、ともに来日したのである。

その後宣教師のルイス・フロイス、コスメ・デ・トーレス、ヴァリニヤーノらが来日、日本でキリスト教の布教活動をおこなう。各地で迫害を受けながらも、九州各地の大名（註2）や高山右近、一条兼定らが洗礼を受けてキリシタン大名となった。深く信仰した人もいるが、見返りの南蛮貿易が目的だった領主が多かった。九州の港には宣教師を乗せた貿易船が来航しやすく、鉄砲に必要な硫黄などを入手することができた。

いち早くキリシタン大名となった大友宗麟の支配した豊後の府内は、堺や博多に匹敵するほど栄えた国際都市であった。

『日本史』というたいへん貴重な記録を残したルイス・フロイスは、二条城や岐阜で信長に謁見している。新し物好きで、古い因習、習慣を否定、世界に目を向けていた信長はかれらを厚くもてなし、キリスト教保護の朱印状を与えている。

一五八一（天正九）年にはフロイスとヴァリニヤーノが信長の安土城をおとずれ、その豪華さに驚嘆し、「ヨーロッパのもっとも壮大な城に比肩し得る」と本国への手紙に書いている。

安土城址（近江八幡市安土町）

音楽の話に移ろう。

音楽と宗教はたいへん密接な関係にある。仏教音楽も同様であり、今日の洋楽も教会のなかで発展してきた。キリスト教の伝来とともに、中世西洋音楽も日本に入ってきた。これは〝**キリシタン音楽**〟とよばれる。

最初のたしかな演奏記録は、一五五二（天文二一）年に、宣教師たちによって周防の山口でおこなわれた歌ミサである。

ザビエルは周防の領主・大内義隆にクラヴォを献上しているし、ほかにオルガン、ヴィオラ、ラベイカなどの楽器ももたらされていた。クラヴォはピアノの前身、ラベイカ（スペイン語のレベッカか）は弓で弾く三弦の楽器で、チェロの一種である。オルガンはパイプオルガンで、安土のほかに豊後（ぶんご）の臼杵（うすき）、肥前の有馬など、キリシタン大名の町にもあったと記録が残る。

セミナリヨ址（近江八幡市安土町）

キリシタン寺院（つまり教会）では、日本の少年たちがそれらの楽器をかなり高度に演奏する技術を修得していたようだ。これらのことは、宣教師たちがポルトガルに送った報告書に書かれている。少年たちはきっと目を輝かせて、異国の楽器を奏でていたにちがいない。

信長が建設した安土の町には、一五八〇（天正八）年に神父ヴァリニヤーノによってセミナリヨ（神学校）も建てられていた。これは司祭や修道士の育成機関で、当時は安土と肥前国有馬の二か所に設けられた。ここでは、聖職者になるための教育のほかに、ヨーロッパの音楽や工芸も教えていた。当時は「南蛮音楽」とよばれていたようだ。

私が安土をおとずれた日、めずらしくセミナリヨ跡は雪に埋もれていた。かつては純和風建築の三階建てで、茶室まで付いてい

天草四郎像（原城跡・南島原市）

た。これは仏教徒の反感をそらすためだという。

しかしその中からは、めずらしい異国の音色がひびいて、少年たちによる美しい賛美歌の歌声も流れていた。

その後秀吉の世になって一五八七（天正一五）年、「バテレン追放令」が出てキリスト教が禁止された。これはキリスト教徒が仏教寺院を破壊したことや、東南アジアのように宗教から侵略されてヨーロッパ列強の植民地になることを恐れたためである。

天草四郎という少年をかついだ「島原の乱」（一六三七・寛永一四年）は、領主の過酷な政治に耐えかねた農民がキリシタン信者とともにおこした一揆だ。ひと言でキリスト教徒の反乱と言われているが、この世に希望も生きる力も失った民衆の行き着いたところといえよう。

石垣は、その戦いで幕府軍が壊したままの状態で残っていた。十字架の立つ城跡に登ると、多くの民の悲鳴がうずまいているような気がした。

このあと鎖国もきびしくなった日本では、西洋音楽も三百年近く聞かれることはなかったと思う。

ところが、である。文化は物とはちがって、人の心や生活の片すみでしぶとく生き残るのである。キリスト教は、江戸時代のきびしい禁教のなかでも、ひそかに長崎、平戸、五島という九州の西の端っこで信仰を伝えてきた。

平戸をおとずれたとき、いきなり車の前の横断歩道をザビエルそっくりの髪型と衣装の人が歩いてくるではないか。思わず同行者に「ザビエル、ザビエル！」と叫んでしまった。

聞いてみると市の観光課の方で、その姿で町を歩きながら観光

平戸市観光課の方と筆者

平戸ザビエル記念教会

客に道案内をしたり、史跡を教えたりしているのだそうだ。なかなかユニークである。

ザビエルは来日の翌年に平戸に来て、最初の布教地となったため「ザビエル記念教会」が建てられている。「平戸市切支丹資料館」には、背中にクルスが隠された仏像や、踏み絵（註3）、禁教令の高札などが展示されていた。

ザビエル像

興味深かったのは、いまだに「隠れキリシタン」信仰が存在し、各家で礼拝を続けているという。案内してくれた方に

「なぜ今の時代で隠れる必要があるのですか」

と質問したところ、

「長い年月の間に正当なキリシタン信仰から孤立し、独自の宗教を作りあげて伝えられてきたのでしょう」

との答えだった。習慣とはおそろしい。

そして、主な賛美歌も、近年までラテン語や日本語で伝承されてきたそうだ。長崎県で歌われる「オラショ」（ラテン語で〝祈り〟という意味）や、民謡にその面影がしのばれるという。

そして、この時期に日本音楽史上の大事件がおこる。

三味線の誕生である。しかし字数の余裕がないので、次章にゆずる。

貴族から武士へ、そしてこのころから力のある町人へ、と文化の担い手が変わってきた。

むしろ盤石の泰平の世となった近世よりも、決めごとがない、新しいものが生まれる、庶民の力強さを感じる躍動した時代ではなかったろうか。

それは、大きな戦がなくなりつつある、命を謳歌（おうか）できるよろこびにあふれた文化でもあった。

（註1）畿内：山城・大和・河内・摂津・和泉国の五か国。今の京都、奈良、大阪にあたる。

（註2）九州のキリシタン大名には黒田孝高（よしたか）、大友宗麟、大村純忠、有馬晴信、小西行長、五島純玄（すみはる）らがいた。

（註3）踏み絵：キリスト教徒でないことを証明するために踏まされた、キリストやマリアを描いた板など。

Ⅱ　中世年表

□はおこった頃　▒は西洋・東洋音楽史

鎌倉時代（1200〜1300）

日本史 ※アジア史	芸能・音楽
一一九二　源頼朝、征夷大将軍	
一二〇五『新古今集』	
一二一九　三代将軍源実朝暗殺、以後北条氏による執権政治	平家琵琶
一二二一　承久の乱 幕府、六波羅探題設置	
『平家物語』	
一二三二　御成敗式目	一二三三　**『教訓抄』**（狛近真）
一二七四　蒙古襲来　文永の役	一三〇五　春日若宮で五座の猿楽が催される
一二八一　蒙古襲来　弘安の役	
一三三一『徒然草』	一三一三　猿楽流行
一三三三　鎌倉幕府滅亡	
一三三四　建武の中興	曲舞
一三三六　足利尊氏、室町幕府開く 後醍醐天皇の南朝おこる	
一三三八　尊氏、征夷大将軍	**当道の創始**

室町時代

1400　1500

一三六八　足利義満、三代将軍に　※明建国

一三九二　南北朝の合体　※李氏朝鮮建国

一四四九　足利義政、八代将軍に

一四六七〜七七　応仁の乱

一四八五　山城国一揆

一四八七　加賀の一向一揆

一五四三　種ヶ島に鉄砲伝来

一五四九　ザビエル、キリスト教を伝える

一五六〇　桶狭間の戦　織田信長台頭

一三六三　世阿弥生まれる

一三七五（または七四）　義満、世阿弥の能を観る

一四〇二　**『風姿花伝』**（世阿弥）

能楽の大成

一四四三？　世阿弥没

15C〜16C　ルネサンス音楽　宗教音楽と世俗音楽

活字印刷楽譜登場、近代和声法

一五三四？　賢順生まれる

薩摩琵琶

一五五八〜七〇　三線伝来・三味線誕生（永禄年間）

安土桃山時代

1600

日本史 ※アジア史

一五七三 室町幕府滅亡

一五八二 本能寺の変

一五八七 豊臣秀吉、キリスト教禁制

一五九八 豊臣秀吉、死去

一六〇〇 関ヶ原の戦

一六〇三 徳川家康、江戸幕府開く

芸能・音楽

□はおこった頃 ▒は西洋・東洋音楽史

キリシタン音楽

筑紫流箏曲

16C中〜17C初 ヴェネツィア楽派

17C初〜18C中頃 バロック音楽

声楽と器楽が対等に

第3部

近世

第7章

江戸時代初期　町人文化の芽ばえ

三味線・近世箏曲・歌舞伎の誕生

慶州・歴史遺跡地区

韓国の釜山（プサン）に公演で出かけたとき、一日オフだったので、日帰りで一人で慶州まで足をのばした。特急列車で一時間だ。

日本でいえば奈良か京都のような、紀元前より千年近く新羅（しらぎ）王朝の都として政治、文化の中心であった歴史遺跡地区である。世界遺産の仏国寺や石窟庵をはじめ、街全体が巨大な史跡となっていて「屋根のない博物館」とよばれている。

ところが、仏国寺の木造建築部分は十六世紀、豊臣秀吉の朝鮮出兵（註1）の戦火によって焼失、石の土台のみが残されていた。ほかの多くの史跡にも「秀吉の侵攻と第二次世界大戦時の日本軍による破壊によって当時のものは失われた」と日本語で解説板が立てられていた。韓国の人はみな「ヒデヨシ」という名前は知っている。

安土桃山時代にようやく戦乱の世が収束に向かうかと思ったら、秀吉のとんでもない暴挙によって、あと味の悪い中世の結末となってしまった。

しかし、朝鮮に渡って辛酸をなめた加藤清正などは、日本の築城術に加えて朝鮮の城を見てきた知識を生かして、壮大な熊本城を作った。

また、いまでは韓国の代表食となっているキムチは、このときに日本軍が体をあたためるために(目つぶし用の武器説もある)持っていった唐辛子が伝えられてから、現在の姿になったということは案外知られていない(もとはたんなる野菜の塩漬けの保存食だった)。

三味線の誕生

室町時代末期の永禄年間(一五五八-七〇)、つまり織田信長の若いころ。琉球貿易によって堺の港にある物が入ってきた。

当時、堺は財力をたくわえた商人たちが治める自治都市で、鎖国以前の琉球、南蛮貿易によって栄える、日本最大の物流の拠点であった。火縄銃も、種子島から本土には堺に伝わった。ここでは鋳物産業も盛んで刀や武具などを製造していたために、すぐに鉄砲が大量生産されるようになった。国内随一の商工業の中心地である堺をおさえることが、日本の経済を制するといってもよいくらいであった(註2)。

ここで紹介するのはそんなブッソウな物ではない。

「ある物」とは、長い棹と胴に蛇の皮が張ってある楽器、「**三線**(さんしん)」である。いまのように弾き方の

中国の大三弦（左）と沖縄の三線（右）

解説書やCDが付いていたわけでもない。初めて見た本土の人たちはびっくりしただろう。しかし、これがその後の日本音楽史を塗りかえるような大事件となった。

「ちょっとちょっと、中小路はん、これ見ておくんなはれ」
「なんや、騒々しい。わしは目ぇが見えへんのは知っとるやろ」
「ほんなら、さわってみてや。琉球からの船にまぎれこんできたんやけど、琵琶に似とるやろ。そやから持ってきたわ」
「こりゃなんじゃ。でっかいヘビの皮やないか。こんなもん持って来んといてや」

という会話があったかどうかは知らないが、この〝三線〟は堺に住んでいた中小路という琵琶法師に「とらせたりける（渡した）」。その後、「琵琶をやつしたる（改造した）」三味線が誕生した（『色道大鏡』より）（註3）。

中国（元の時代）の〝三弦（サンシエン）〟という楽器が十五世紀初めごろ琉球に伝わって三線となった。残念ながらここでくわしく述べる余裕はないが、琉球王国では「三線奉行」という役職もあり、政治上重要な役わりを担っていた。

時期やルートに諸説あるが、それが永禄年間に堺にもたらされて改作され、〝**三味線**〟が誕生したという説が定説になっている。

本土ではニシキヘビの皮は手に入らなかった（沖縄でも輸入しているのだが）ので、いろいろ試した結果、猫皮を張り、琵琶をまねて大きな撥（ばち）を用いるようになった。

こうして生まれた三味線（これも当初はさまざまな呼び方、当て字があった）（註4）は、江戸時代に大発展し、近世日本音楽の主役となる。

あたらしい楽器と音楽であった三味線音楽は、おもに庶民の間で自由に弾かれ、アッという

ミュージック・チャイナ　蛇皮の太鼓と三弦

商品の巨大な蛇皮

間に全国に伝わった。雅楽のような厳格な規則も決まった楽譜もあるわけではなく、のびのびと楽しんだものであった。

　ただしその結果、楽器もジャンルもどんどん変化して細かく枝分かれしていった。一つの楽器で、これほど多種多様な音色と音楽をもつものは世界でも他にはないだろう。

細棹（左）と太棹

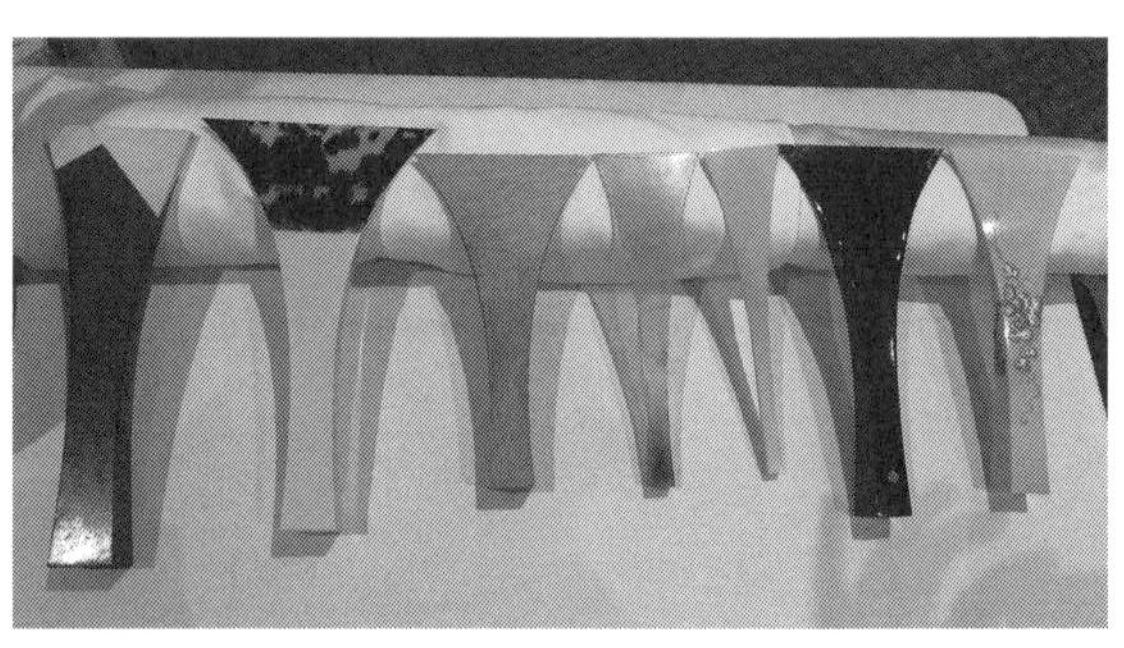

各種の三味線の撥

阿国かぶきの登場

その後、関ヶ原の戦に勝利した徳川家康によって江戸幕府が開かれたのが一六〇三（慶長八）年、ようやく世のなかが落ちついてきた。

そのおなじ年、京都で一人の女性が大ブレークしていた。

阿国像（京都市・四条）

「なんや、あんさんも来てたんかいな」

「おぉ、こんな人混みで会うとは。しっかし、このおくにって女芸人、えらい魅力的やなぁ」

「ほんまやなぁ。男はんの姿して悪所通いするようすを踊るなんて、だれが考えついたんやろ」

「逆にお茶屋のおかかは、男はんが歌って踊ってるし…着てるもんも突拍子（とっぴょうし）ないけど見てるだけでなんや楽しくなるやないけ」

「お能に使う鼓やら笛やらも、こうして聞いてみるとおもろいもんやな」

「出雲の阿国」が、四条河原で「かぶき踊り（をどり）」を始めたのが、この慶長八年ということが、公家の日記や『当代記』（註5）などに書かれている。来日していたイエズス会宣教師たちによって作られた『日葡辞書』（日本語とポルトガル語の辞書）にも、「かぶき」の項目がある。その語源は、「傾く」「傾奇者」で、「正統、伝統的ではない異様な風体」と出ている。

阿国はその後、北野天満宮境内に定舞台を組み、人々の熱狂をあつめる。

では、阿国が歌い踊ったのはどんな芸だったのだろう。もちろん、いまの日本舞踊や歌舞伎のように完成されたものではない。おそらく派手な型破りの娯楽的なショー

「阿国歌舞伎図屏風」（京都国立博物館所蔵）17世紀　安土桃山時代

だったのだろう。平安末期から中世にかけておこった〝田楽(でんがく)おどり〟〝念仏おどり〟〝小歌おどり〟〝風流(ふりゅう)おどり〟（註6）などの要素をとり入れて、阿国なりにアレンジしたものだと思われている。歌も、やはり中世に登場した小歌（註7）などのたぐいではなかったか。

（「阿国歌舞伎図屏風」）
上は初期の歌舞伎踊りを描いたもの。男装の阿国、茶屋のかか、道化役の猿若が舞台で「茶屋遊び」を演じている。伴奏は鼓など能の四種の楽器で、初期の形である。見物人は重箱をかこみ、屋台の餅（？）が焼けるのを待っている（右端）。老若男女の庶民が自由に楽しんでいるようすがよくわかる。

1604（慶長9）年、秀吉の七回忌にあたり、豊国神社で8日間にわたっておこなわれた祭礼を描いた屏風。岩佐又兵衛筆と伝えられる。六曲一双。

下半分には、諸大名が参加しての大規模な騎馬行列「神宮馬揃（ぞろ）え」。

豊国神社境内での田楽、猿楽の奉納。後方は豊国廟。

「豊国祭礼図屏風　右隻」（重文・徳川美術館所蔵／DNPartcom）17世紀　江戸時代

一双で千人近い人物が華麗な彩色で描かれていて、その熱気と狂乱ぶりが伝わってくる。

人々は手に笛、太鼓、鼓をもち、大きな風流傘を押し立てて乱舞している。

秀吉が造営した方広寺大仏殿を背景に、庶民が輪になって派手な衣装で「風流(ふりゅう)おどり」に熱中しているさまが生き生きと描かれている。

「豊国祭礼図屏風　左隻」(重文・徳川美術館所蔵／DNPartcom) 17世紀　江戸時代

阿国は出雲大社（島根県）の巫女と称して、勧進のために諸国を巡業したといわれる。しかし、一五九一年から記録にのこるこの時期に京都に出て一旗あげたのは大成功であった。

家康の征夷大将軍就任、江戸開府にあたって祝賀のために諸国から大名が上洛した。また戦乱の時代はじっと辛抱をしていた庶民も、ようやくおとずれた太平の世の匂いを敏感に察知して、復興し始めた都にあつまってきた時である。官位は帝から賜るのであるから、京ではさまざまな行事がおこなわれ、巷の雰囲気は高揚して景気もよかった。

見世物小屋がたちならび、食べ物を売る屋台、曲芸を見せる者たちが集まり、それを目あてに庶民がくりだした。今に残る絵図のようすを見ても、活気があり人々が生き生きしている。

「かぶきをどり」が最高潮となっていたのは、一六〇四（慶長九）年、秀吉の七回忌におこなわれた「豊国大明神臨時祭礼」である。これは京中をまきこんだ大規模なお祭であった。

「洛中は興奮のるつぼと化し」

「貴賤群衆（身分の関係なく）あたかも狂いしごとし」

阿国は芸のみならず、時流をみて世に出る術も心得ていた女性であったのかもしれない。

近世箏曲の祖はお菓子の名前に？

あの東北大震災からもう十年が過ぎた。

二〇一一年三月十一日。この日付を日本人は忘れることはできないだろう。未曾有（みぞう）の天災がおこり、人間が作り出した科学文明が牙をむいた。

あのとき、大きな被害を被（こうむ）った福島県いわき市は、近世箏曲の祖とよばれる**八橋検校**（やつはしけんぎょう）（一六一四－八五）の出身地との説が強い。市の中心部の小太郎町公園に「八橋検校顕彰碑」が建てられている。幸い、地震の被害はなかったようだ。

磐城（いわき）・平藩のお殿さまであった内藤風虎（ふうこ）という人物が、八橋検校を後援したと考えられている（ほか豊前小倉出身説もあり、小倉市にやはり大きな御影石の碑がある）。

八橋検校肖像（萄塚家所蔵）

八世紀に中国から、雅楽の管弦（絃）の一つの楽器として渡来してきた箏は、平安時代末期には独立して、〝**越天楽謡物**（えてんらくうたいもの）〟（註8）という箏を伴奏とした歌曲が生まれていた。

さらに十六世紀後半、久留米の善導寺という大きなお寺にいた**賢順**（けんじゅん）（一五四七ごろ－一六三六／二三？）という僧が、当時その寺に伝わっていた音楽、中国の琴楽、雅楽、越天楽謡物などを整理してあたらしい〝**筑紫流箏曲**（つくし）（**筑紫**（つくし）

善導寺「箏曲発祥之地」記念碑（久留米市）

箏）〟という箏の音楽を生み出した。

賢順はのちに還俗（僧をやめて一般人にもどること）しており、きっとお経をおぼえるのがキライで楽器ばかりいじっていたんじゃないかと想像している。

その賢順の弟子である法水という人が、江戸に出て琴糸商となっていた。「こうなったいきさつにはいろいろありまして…」なのだがここで説明する余裕はない。肝腎なのは、この法水と、八橋検校が出会ったということだ。

この出会いがなかったなら、いまの箏曲はもっとちがう形であったにちがいない。

すでに大坂で三味線の一派をたてて名手として知られていた八橋検校が、なぜか法水から筑紫流箏曲を学び、三味線から箏に転向して現在の箏曲の基礎を大成させた。これは、私が勝手に思っている日本音楽史上の七不思議のひとつである。

楽器や爪、調弦法を改革、手法（奏法）を整理・制定して、現在に名曲をのこしたのである。

とくに、〝**平調子**〟という画期的な箏の調弦法（音の合わせ方）を考えだし、それを使った多くの曲を作曲した。なにが画期的なのかといえば、それまで箏の調弦は雅楽の音階であったのを、当時流行（はや）っていた三味線の影響で、人々が耳に親しんでいた〝**都節音階**（みやこぶし）〟（ミ・ファ・ラ・シ・ド）を採用したということである。これは箏曲のもっとも基本的な調弦法であり、初心者も学校の授業も《さくらさくら》はこれで弾く。

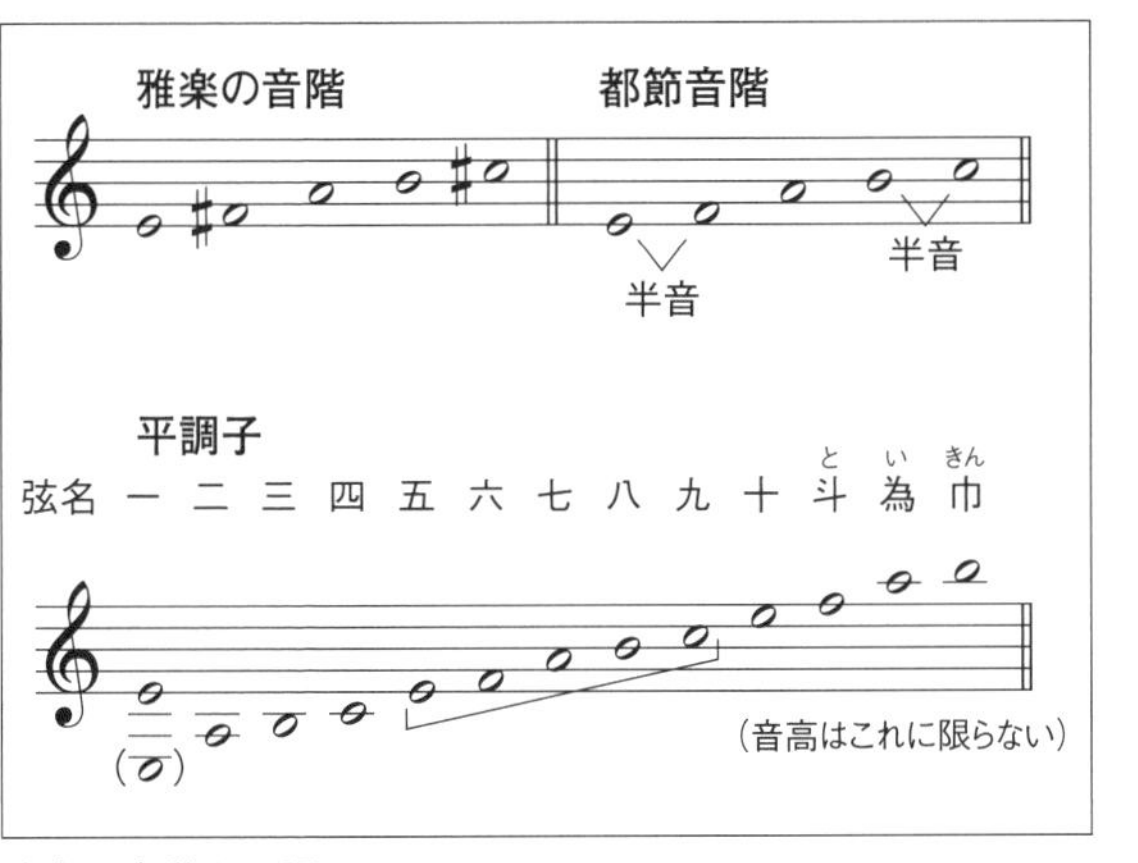

雅楽の音階と平調子

箏曲の代表曲といわれる《六段の調》をはじめ《乱輪舌（みだれりんぜつ）》（註9）、十三組の組歌なども一曲をのぞいて平調子で演奏される。

京都の銘菓として有名な八ツ橋は、かれの名前から命名されたとの説が有力で、うすく湾曲した焼き菓子は箏をかたどっている。毎年六月十二日の八橋忌にはメーカーさんたちがご法要をおこなっていて、私も「やつはし寺」（常光院）（註10）で奉納演奏や講演をさせていただいた。包装紙に箏のデザインが描かれている商品もあって、箏曲家としては顕彰していただけるのはありがたい（註11）。

世の中がおちつき、都が繁栄をとりもどした。また新興都市である江戸の活気にあふれた自由闊達な空気、町人たちの台頭などが、これまでにはなかった楽器と音楽を生みだしたともいえる。

（註1）文禄・慶長の役：一五九二年と一五九七年、豊臣秀吉が明を制覇することを目的に朝鮮に対しておこした侵略戦争。

（註2）「堺の町は甚だ広大にして大なる商人多数あり。この町はヴェニスの如く執政官により治められる」（『耶蘇会士日本通信』ガスパル・ヴィレラ）「日本の最も富める湊にして国内の金銀の大部分が集まるところなり」（宣教師ルイス・フロイスの書簡）

（註3）中小路という琵琶法師の弟子、石村検校が慶長年間に創作したともいわれている。

（註4）初期には「さみせん」という表記もみられ、漢字も「沙弥線」「三尾線」「三線」など数種類の例が残されている。いつから「しゃみせん」「三味線」とよぶようになったのかはわからない。

（註5）『当代記』：安土桃山時代の世相が書かれたもの。成立年、編者不詳。

（註6）どれも庶民の間でおこなわれていたもの。「田楽」は稲作行事と関連した芸能。

（註7）小歌：小編の歌曲。古代から存在して能や女歌舞伎にとり入れられた。

（註8）雅楽の《越天楽》の旋律に、流行りの歌詞をあてて箏を伴奏として歌ったもの。「越天楽今様」とも。

（註9）乱輪舌：「林説」など漢字はほかにもあり、《十段の調》ともよばれる。

（註10）八橋検校の墓所がある黒谷の金戒光明寺の塔頭。ここでは井筒八ツ橋本舗が毎年法要をおこなっている。

（註11）八橋検校については拙著『八橋検校十三の謎』（アルテスパブリッシング）参照。

第8章

江戸時代中期　町人文化爛熟の世

文化の拡散　劇場芸術の発展

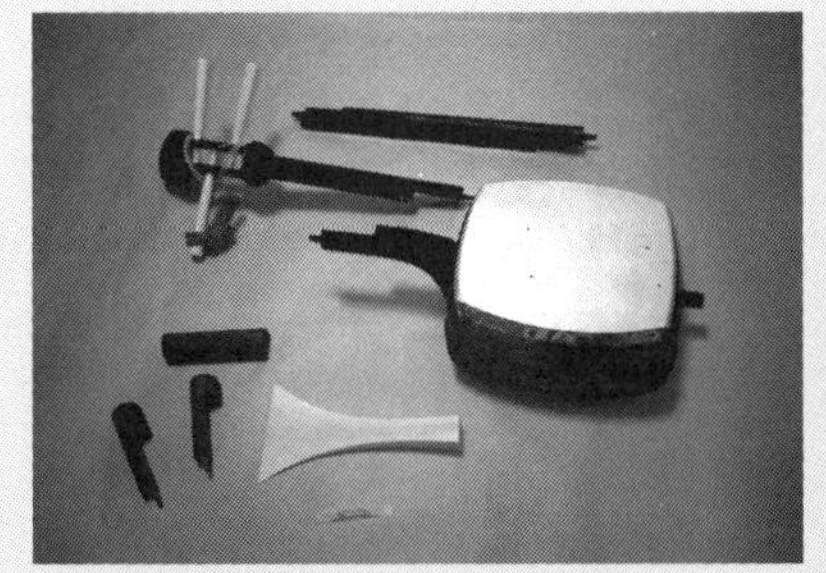

一六一五（慶長二〇）年五月八日、秀吉が築いた天下人の城、大坂城が紅蓮の炎に包まれ落城した。その過程を後世からながめてみると、豊臣氏にもう少し時世を把握する力があったなら、生き残る術（すべ）があったかもしれない。ただ家康は、豊太閤の遺児・秀頼をかつぎだし、再び乱をおこそうとする者たちが必ずあらわれるであろうことを予想していた。二度と戦乱の世に戻さないために、大坂城は絶対に残してはいけない怪物であった。

同年「元和（げんな）」と改元して以降、十七世紀後半から十八世紀は戦乱がおさまり、文化がたいへんに発展した時代であった。大名の力を削（そ）ぐために設けられた参勤交代制により、街道が整備されて地方との往来がさかんになり、江戸のみならず地方文化も興隆した。

ひとことで〝町人文化〟といわれるが、武士も戦をするのが仕事ではなく、治世術のすぐれた政治家が求められた。財力もたくわえ、世の中の中心となった町人とともに、太平の世ならではの芸能を育んだ。

地方文化の興隆

たとえば、最大の外様大名であった加賀藩（本藩約百二万石）においては、五代藩主前田綱紀（つなのり）という名君が出た。幕府に藩取りつぶしの口実を与えないようにとの意図もあって、その財力をひたすら文化面に注いだ。

この綱紀は、およそ八十年間藩主として加賀藩の藩政を推進している。祖父である三代藩主・利常（藩祖・利家の子）、また岳父であった名君・保科正之（会津藩主、二代将軍・徳川秀忠の子）の後見を得ており、この二人の思想に影響を受けて善政を敷いた。

金沢城

綱紀は新田開発、十村（とむら）制度、生活困窮者を救うための施設を設置するなど各種の藩政改革をおこなった。飢饉のときには食べ物を支給、医療体制も整え、

「加賀候非人小屋（御小屋）を設けしを以て、加賀に乞食なし。真に仁政と云ふべし」

と荻生徂徠（おぎゅうそらい）が書いている（『政談』）。

また、たいへんに学問を好み、藩内に学問、文芸を奨励、室鳩巣（むろきゅうそう）や木下順庵らと交流があり金沢に招いてもいる。自ら、百科事典である『桑華学苑』を編纂、有名な『東寺百合（ひゃくごう）文書』の保存にも尽力、多くの和漢古典の蒐集をして、新井白石に「加賀は天下の書府」といわしめるほどであった。

茶道にも造詣が深く、千家四世・仙叟（裏千家初代・千宗室）を、陶工や鋳物師とともに金沢に招いた。百五十石で茶頭として召し抱えられた宗室はその後京都で裏千家をたて、金沢の茶道の礎を築いた。総合芸術である茶道に関わる他の文化も華ひらき、現在まで伝えられている。

またどの藩も能楽に力を入れたが、藩祖前田利家のころは金春流であったのだが、五代将軍綱吉が重用したため、綱紀も宝生流をとり入れて、藩内で奨励した。

綱紀自身も能楽をたしなみ、その腕前は能楽師にも引けをとらなかったという。そのため「空から謡が降ってくる」（註1）と、庶民に至るまで「加賀宝生」に親しむ土地となった。

文化の伝播

参勤交代により全国をむすぶ街道が整備され、また「北前船」という海運も開かれた。寛文年間に、幕府の命により河村瑞賢が東、西廻り航路（一六七二・寛文一二年）を完成させてからは物流が一段とさかんになった。

俗に「千石船」（千石は重さに換算すると約一五〇トンの米）といわれるが、実際は五百石程度の中型船や、最大級では二千四百石積みの船もあった。

いまのY運輸やS急便のようなたんなる運搬業者ではなく、船主が自ら品物を自己資金で買って他の土地で売り、またその地の産物を買い付けて戻るという経営であった。なので、一度の往復で巨万の富を得ることができた。

「北前御殿」とか「鰊御殿」と呼ばれる網元の大邸宅が、北海道や東北、北陸の日本海沿岸の港町に残り、その豪壮さから当時の栄華がしのばれる。

千石船（北前船）の復元（山形県・酒井市）

北前船主の館　右近家（福井県・南越前町）

北海道（蝦夷）から上方、江戸を往復した北前船が運んだのは物資のみでなく、さまざまな文化も運んだ。

たとえば、北海道の昆布によって西日本で現在の和食の基礎ができた。また、石川、富山など昆布の採れない北陸で、昆布〆が家庭料理として親しまれてきたのも北前船による流通がもたらしたものだ。

「追分発祥の地」碑（長野県）

また、音楽でいえば民謡が伝播した。九州が発祥の《ハイヤ節》は、新潟県（越後）に運ばれ《佐渡おけさ》が生まれた。歌い出しの「ハイヤエー」が「オケサエー」となり、それがいつの間にか「ハアー」に変化したと思われる。またさらに東北各地に伝わり《アイヤ節》系統として広く分布している。

東北の《酒田船方節》《秋田船方節》も島根県の《出雲節》が源流であり、船乗りたちがおぼえていて立ち寄る港で伝えたのである。

軽井沢の追分（註2）で発祥した馬子唄が北国街道を通って日本海まで運ばれ、北前船に乗って北海道まで伝わって《江差追分》になった。それがさらに日本海側を南下してきて各地の追分民謡となっている。

人形浄瑠璃の成立

昔もいまも子どもに人気のお人形。フィギュアもその一種とすれば、最近は男の子もおとなもお気に入りに夢中だ。

人形は、古くは「ひとかた」といい、宗教的な行事に使われていた。というと、真夜中に人の形に切った紙やワラ人形に五寸クギを打ちつける光景を思いうかべてしまうが、良くも悪くも、魂の入ったもので生きている人の身代わりと考えられていた。厄を除く「おはらい」の一種である。

それを動かして見せる素朴な芸から、人形芝居が生まれるのに時間はかからなかっただろう。世界各地の民俗芸能、日本の郷土芸能にもいくつも伝えられている。

人形劇には人形を手で動かすものと、マリオネットのように糸であやつるものがある。インドネシアのワヤンという影絵芝居はとても素朴な動きだったし、フランスのギニョルという指人形も有名である。

しかし、日本の「**人形浄瑠璃**」(文楽)ほど精巧緻密な人形芝居を私はほかに知らない。初めて生で鑑賞したとき、ほとんどの人は、舞台の上の人形が実に豊かな表情を見せるのにおどろいてしまう。

同じ顔の「頭」(頭部)だというのに、少しうつむいて袖を目にあてるだけでほんとうに悲しんでいて涙が落ちるのではないかと思う。ザンバラ髪の侍が刀を振りまわすと憤怒の形相に見える。生き別れたわが子を探して旅をする老婆の足どりがいまにも倒れてしまいそうなのも、芸の力で見

「浄瑠璃大系圖」（1842年・竹本筆太夫小鷹翁考）浄瑠璃の太夫、三味線の芸統解説書（国立国会図書館デジタルコレクション）

せるのである。

「浄瑠璃」とは西方の阿弥陀さまの極楽浄土に対して、東方にあるという薬師如来の世界（浄瑠璃浄土）をさす仏教用語である。

室町時代の中ごろに「浄瑠璃姫物語」というラブロマンスの物語があり、当初これを扇拍子（おおぎびょうし）（註3）と琵琶を伴奏として語っていた。そのうち、この曲がほかの題材にも用いられるようになり、その芸を「浄瑠璃物」とよんだ。

十六世紀後半に三味線が誕生してから、この新しい楽器をいち早くとり入れ、さらに江戸時代には人形劇と結びついて全国へと広まっていった。最初は少数の芸人がおこなう門付（かどづ）け（註4）だったものが、しだいに観客をよび集めるスタイルに変わり、舞台芸能へと発展する。

やがて一世紀が経ったころ、人形浄瑠璃の世界に天才があらわれる。

日本初の劇作家・脚本家である近松門左衛門と、音楽家・浄瑠璃の語り手の竹本義太夫である。このコンビで、画期的な新浄瑠璃《出世景清》（一六八六）を上演、大人気となる。近松は、義太夫が大坂に創った人形浄瑠璃の劇場である「竹本座」の専属作者となって活躍、また、「浄瑠璃」といえば**義太夫節**をさすほどまでに、その新鮮な語り口に人気が集中した。

そして、一七〇三年に発表した《曽根崎心中》が大当たりする。この作品は「世話物」という町人の生活を描いた当時の現代劇である。それまでの浄瑠璃は、歴史上の人物や非現実的な物語をとりあげてきたので、お隣さんのような庶民が主人公という筋書きが人気をよんだ。

十八世紀中ごろには、人形劇の全盛期をむかえる。とくに竹本座からは、今日も三大傑作として上演されている《菅原伝授手習鑑》（一七四六）、《義経千本桜》（一七四七）、《仮名手本忠臣蔵》（一七四八）が続けて発表され、絶賛をあびた。

衣装を着せると一〇キロ以上になる人形が、主遣い、左遣い、足遣いという三人の人形遣いによって命をふきこまれ演技をする。そして語りの〝太夫〟と音楽の三味線が一体となった総合芸術である。

大鹿歌舞伎（長野県下伊那郡大鹿村）

歌舞伎の変遷

いっぽう、阿国によって始まった歌舞伎は、当初は遊女たちがまねをして「遊女歌舞伎」が大流行する。侍は深編笠で顔をかくし、殿方たちがどこかを長くして見とれていたようすが屏風に描かれている。

ところが、「風紀上好ましからず」との理由で幕府がこれを禁止する。それで今度は女性のかわりに美少年を集めた「若衆（わかしゅ）歌舞伎」がおこり、江戸、京都、上方で全盛となる。ジャニーズのスターが勢ぞろい、ホンネをいえば、これなどちょっと見てみたいものではある。

しかし、これも庶民の間にまで広まっていた男色（同性愛）問題や刃傷事件がおこったりしたことから、風俗取り締まりということで、またも幕府によって禁止されてしまう。

とはいえいつの時代でも、娯楽に向けられた民衆の底力は、法律などでおさえきれるものではない。ましてや娯楽の少なかった当時は、お上（かみ）がどんなに躍起になって取り締まっても、庶民の欲求はこのあたらしい芸を消すことなく、次々と形を変えて復活させた。

若衆、つまり少年がダメなら、その象徴である前髪を剃ってしまえばよい。そうして生まれた「野郎（やろう）歌舞伎」がそのまま定着して現代にまで伝えられている。元禄時代（一六八八－一七〇四）に、おおよそ現在の歌舞伎が形づくられた。

というわけで、歌舞伎は男性専門の芸となった。女形の役者さんなどは、このごろの女性がかなわないほどの「女の色気」を演じられる。

劇場音楽の発達

「江戸歌舞伎発祥之地」碑（中央区）

前に述べたように、三味線を伴奏に用いる〝語り物〟音楽である浄瑠璃は、江戸時代初期に人形芝居とむすびついて人形劇を完成させた。やがてそれは歌舞伎にも用いられるようになった。人形浄瑠璃（文楽）と歌舞伎におなじ演目が多くあり、比べて鑑賞するのもおもしろい。
京の四条大橋の東側には七軒の芝居小屋が立ちならんでいた（そのなかの南座だけが残っている）。また大坂、江戸にも芝居小屋があらわれて興行するようになった。
江戸では、寛永年間に猿若座（のちの中村座）という小屋が、今の京橋あたりにできたのが始まりである。いろいろな変遷を経

花道には曽我五郎を演じる二代目市川團十郎。

て、のち江戸時代中期から後期にかけて町奉行所によって興行を許された中村座、市村座、森田座（のち守田座）の「江戸三座」が軒をつらねて一大娯楽場となって発展した。

屋根に櫓をもち、枡席の客席、回り舞台もセリも奈落（ならく）で人力によって動かすという当時の芝居小屋のかたちは、香川県の金丸座（かなまるざ）（金（こん）

金丸座

「市村座場内図屏風」（早稲田大学演劇博物館所蔵） 1733（享保18）年頃。《英分身曽我

毘羅歌舞伎）、愛媛県の内子座、熊本県の八千代座などにみることができる。これらでは現在も歌舞伎が上演されており、まさに江戸時代にタイムスリップしたような感動をおぼえる。

芝居小屋のようすを描いた屏風や絵巻も多い。上の屏風では、西桟敷席には身分の高い客、枡席には庶民が満員。中央下には刀をもつ武士もいる。

歌舞伎音楽としては、江戸歌舞伎のほうが多彩な発展をとげた。古くは**河東節**、**一中節**、中期以降は**常磐津**、**富本**、**清元**という浄瑠璃（三味線を伴奏に使う語り物音楽）が登場した。義太夫節とともに、「素浄瑠璃」といって音楽の演奏自体を鑑賞、楽しむこともおこなわれる。

「寛政の改革」などで倹約令が出てたいへんな時期もあったのだが、庶民のエネルギーが苦難をのりこえ、日本の代表的な総合舞台芸術として伝承させてきたのである。


(註1) 高い木にのぼって仕事をする植木職人でも謡を口ずさむということ。

(註2) 追分：街道の分岐点。ここは中山道と北国街道が分かれる所で「分け去れ」といって大きな灯籠が建っている。

(註3) 扇拍子：扇をたたいて打楽器的に伴奏する。

(註4) 門付け：各家をまわって芸を見せること。

第9章

江戸時代後期　幕末動乱　近代国家への産みの苦しみ

地歌、山田流箏曲

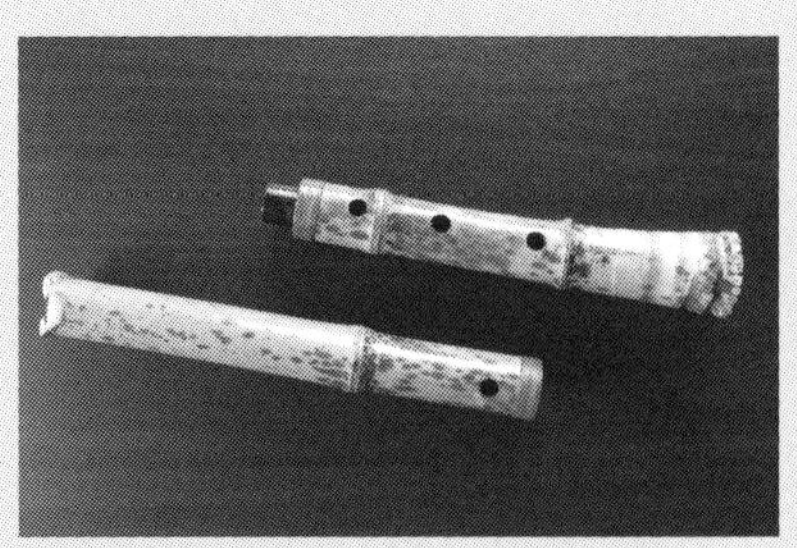

■龍馬と都々逸(どどいつ)

私は龍馬ファンである。高知の空港の名称は「高知龍馬空港」だ。ここまで地元代表として認められる人物もそうはいない。

「花のお江戸の両国橋へ　按摩さんがメガネを買いにきた　ヨサコイヨサコイ
お医者の頭へ雀がとまる　とまるはずだよ藪医者だ　ヨサコイヨサコイ」

これは龍馬作詞のヨサコイ節の替え歌である。ユーモアセンスがたっぷりだ。

幕末の志士たちは、その緊張からひと時でも心を休めるためか遊里と縁が深かった。遊女の弾く三味線に興味をもち自らもつま弾いた人もいただろう。龍馬の声は朗々としたよい声だったらしい。

明治維新の年・一八六七(慶応三)年四月、龍馬が作った海援隊が操作して初の航海に出た蒸気船・いろは丸が、瀬戸内海で紀州藩の大きな藩船に衝突され、沈没してしまう事件がおきた。いまだに鞆(とも)の浦の海に沈んでいる。

事故のあと、龍馬は「万国公法」という法律や航海日誌をもとに、御三家五五万石の紀州徳川家を相手に交渉にのぞみ、最後には紀州藩に賠償の支払いを認めさせた。

その際、龍馬は桂小五郎たちと長崎の遊里でこんな歌を都々逸で流行らせて、世論を味方につけたそうだ。

「今日をはじめと乗り出す船は　けいこ始めのいろは丸
船を沈めたそのつぐないは　金を取らずに国を取る」
（異説あり）

〝**都々逸**〟とは、江戸末期のはやり歌のひとつで、むずかしい節回しもなくだれでも気軽に唄えたので、庶民の間でたいへんな人気であった。遊女や町人たちがみんなで歌っては、紀州藩もお手上げだっただろう。なんと粋なんだろう。やっぱり惚れてしまう。

幕末には三味線はすっかり定着し、このように庶民の楽器として主流になっていた。

鞆の浦　平成いろは丸

坂本龍馬
（高知県立坂本龍馬記念館所蔵）

戦国時代の次に小節やテレビドラマなどに取り上げられているのが、世の中が大騒動だった幕末。

とはいえ、幕末動乱の世相をわかりやすく解説することはとてもむずかしい。

幕府、朝廷、各藩の思想と行動が入りまじり、尊王、攘夷、倒幕思想、将軍継嗣問題、外国からの開国圧力などがからんでカオスの時代であった。これは戦国時代の混乱とはまた異なり、その時に生きた人間にしても、だれにもなにが正しいのか、どうしたらよいのかわからなかったのではないか。

もちろん、有名な西郷隆盛や吉田松陰などさまざまな人々が活動して、世の中を変えようとした。しかし、ほとんどの志士たちは、まだ藩というせまい枠内でしか物事を考えることができず、「日本国」という意識をもったのは龍馬などごく少数であったと思う。

意外と注目されていないが、実は明治維新にいたるキーパーソンというのは徳川斉昭（なりあき）ではなかったか。

最後の将軍

御三家のなかでももっとも石高の低い水戸藩は、藩主が江戸に常駐して将軍を補佐する役割を担っていた。その九代藩主・徳川斉昭は「烈公」とよばれたように気性がはげしく、幕府に対して歯に衣着せぬ言動のために、生涯で二回も蟄居謹慎を命じられている。

江戸幕府最後の将軍・徳川慶喜の実父でもある。

朱子学に影響を受けた「水戸学」というものがある。それは天皇を敬い、朝廷から政治をゆだねられた幕府に忠誠を誓うという信念である。

斉昭が創設した藩士の教育の場である弘道館には、かれの根本理念である「尊攘」という語が掲げられている。家康が戦乱の世をおさめ、皇室を尊び外国との交易を制御したことに通じる、水戸藩の精神論である。

ここから尊王攘夷という思想が広まったわけであるが、本人は実は列強諸国との軍事力の差を理解していて、外国とは「将来はぜひ

水戸・弘道館「尊攘」掛軸（水戸市）

交易和親を開くべき」だと、同じ志をもつ松平春嶽（福井藩主）への手紙に書いている。

老中首座の阿部正弘は斉昭と意志を通じていたが、その死後に井伊直弼が大老になってからが日本の不幸だったといえる。十三代将軍家定の後継者に、井伊大老が推す紀州の徳川慶福が決まって十四代将軍家茂となったわけであるが、ここで一橋慶喜が早く将軍職に就いていたら、幕末にあんなに人が死ぬことはなかったのではないか、とある歴史学者が言っていた。

一八六七（慶応三）年十月十四日、徳川幕府十五代将軍徳川慶喜が大政奉還、朝廷に政権返上を申し出て、翌日朝廷が許可した。この時点でおそらく慶喜は、今後天皇が政治をおこなうとはいえ、徳川が中心になって諸藩とともに支えるであろうと予測していた。これまで政治にたずさわってこなかった公家たちでは国難を乗り切れるわけもないことは明白であった。

西洋列強国の実力や、清の衰退などの知識があった慶喜は、日本がアジア諸国のように植民地化されるのを恐れ、長引く内乱を鎮めたいとの思いが強かっただろう。しかし、周囲がそうはさせなかった。鳥羽伏見の戦い、上野彰義隊の戦い、奥羽・箱館での旧幕府軍対新政府軍の戦争など、近代国家産みの苦しみのなか、多くの人の命が散った。箱館・五稜郭の戦いで戦死した、新選組副長・土方歳三最期の地には、常に多くのファンの花が供えられている。

ところが、徳川四百万石の力をおそれた新政府は、慶喜の解職と領地返納を決定、かれは家康のふるさとである静岡県に隠棲させられ生涯を趣味に生きた。

新札の顔となり、いま大河ドラマでも注目されている渋沢栄一が、明治になって慶喜の「朝敵」の汚名をはらし名誉回復に努め、公爵として明治天皇との面会も実現させたという。

箏曲界の発展

幕末に会津藩主・松平容保（かたもり）のもとに結成されたのが、京で大きな存在感をもった新選組である。

血の匂いの濃い集団であったが、常に多くのファンをひきつけている。容保が京都守護職に任命さ

「やつはしでら」常光院（京都市）

八橋検校の本来の墓石

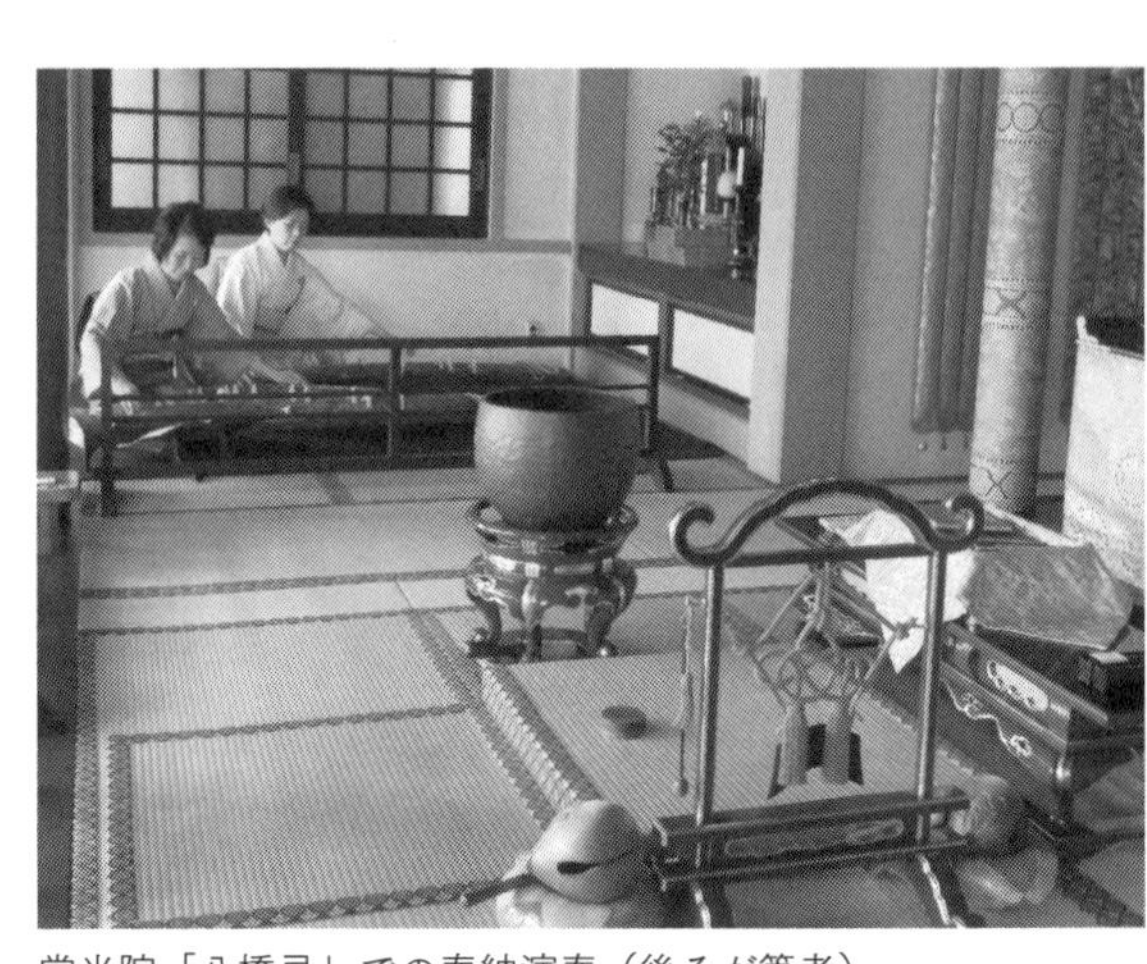
常光院「八橋忌」での奉納演奏（後ろが筆者）

れ、上洛して本陣をおいたのが黒谷の金戒光明寺である。

さすが会津軍が駐屯したお寺だけあって敷地も広く、三門や御影堂の剛健で荘重なたたずまいの前では、人間社会のちっぽけな争いなど一瞬の夢のようだ。観光コースではないせいか、人も少なくいつ訪れても静かで落ちつける。

ここの広大な黒谷墓地には、春日局をはじめ、山崎闇斎、会津藩士などの墓所がある。

そして、墓域のなかの石段をのぼった上、重要文化財に指定されている文殊塔の裏に、近世箏曲の祖・八橋検校（第8章参照）の墓所がある。墓のかたわらには箏と箏柱をかたどった碑が建てられ、検校の生い立ちと業績がきざまれている。

毎年六月十二日の「八橋忌」には、塔頭の一つで「やつはし寺」とよばれる常光院で法要が営まれている（註1）。

実は、石段のなかほどの左側にひっそりと建っている小さな墓石が、元のほんとうの検校のお墓だと、常光院のご住職に教えていただいた。

「初代豊国錦絵帖」豊国画（国立国会図書館デジタルコレクション）「三曲」の合奏

八橋検校以降、江戸時代に箏曲は三味線音楽の〝地歌〟とむすびつき、それは主に上方（京・大坂）でおこなわれた。

近世では、箏・三味線・琵琶などに専門家としてたずさわっていたのは盲人男性であり、〝当道職屋敷〟という組織に属していた。その最高位のことを〝**検校**〟といい（註2）、検校さんやその下の位の〝**勾当**〟さんたちが作曲、演奏活動をおこなっていた。

十八世紀後半から。三味線音楽の地歌（原作）に、ほかの人が手付け（パートを作曲）した箏と、胡弓（のちに尺八）の三つの楽器による〝**三曲**〟という形式の名曲が多くあらわれ、現在でもさかんに演奏されている。このジャンルを〝**替手式箏曲**〟、または〝手事〟という器楽部分が発達していたので〝**京流（風）手事物**〟ともよぶ。

しかし幕末になると、革新的な作曲家があらわれて、改革をおこなった。光崎検校、吉沢検校などである。

光崎は、三味線が主となっていた箏曲を、原点の八橋のころの音楽にもどそうと、箏だけの二重奏や新形式の組歌を作曲した（註3）。それを受けついだ吉沢は《千鳥の曲》ほか、新しい調弦の箏だけの曲を作曲（註4）、これらが明治の箏曲への橋渡しとなった。

山田流の演奏

江戸の箏曲

いっぽう、新興都市であった江戸でも、江戸時代後期には独自の文化を育てあげていた。

箏曲界では、関西の地歌箏曲を江戸にも広めようと長谷富（はせとみ）検校という人を派遣するのだが、まったりした上方の音楽はどうもチャキチャキの江戸っ子には性に合わなかったようだ。

その孫弟子に〝**山田検校**〟（一七五七－一八一七）が出る。

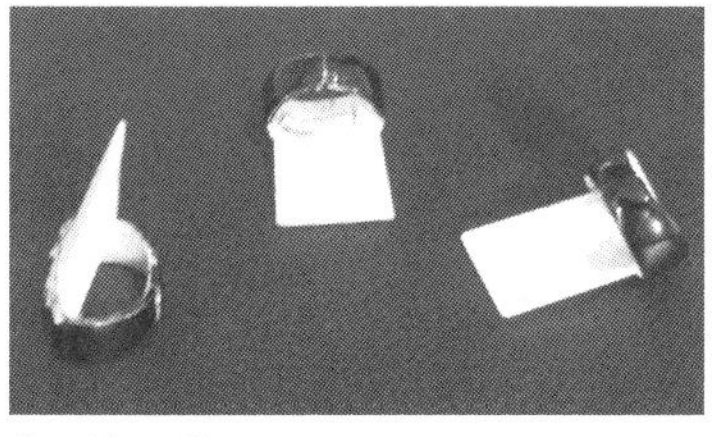
生田流の爪

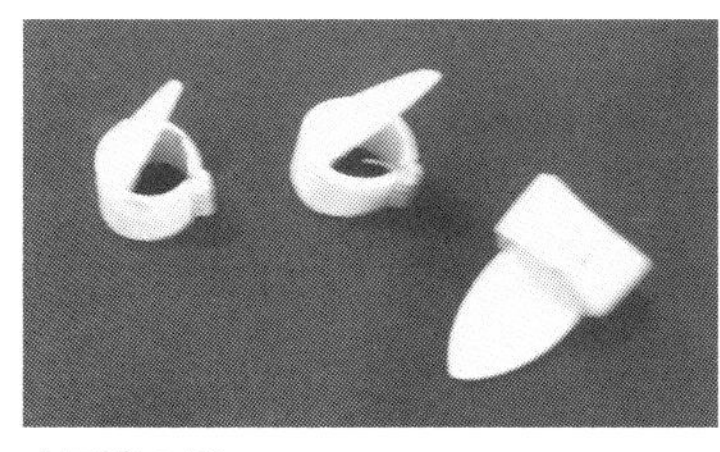
山田流の爪

山田検校銅像（江ノ島）

親が能楽師であったことから、謡曲や、当時流行っていた三味線音楽の浄瑠璃のなかの河東節、一中節などをとり入れたあたらしい箏の音楽を生み出した。美声の持ち主であったらしく、文学に登場するほど大人気となり、墓碑にも「門弟数千人」と書かれるくらいであった。声色や旋律を重視する上方の箏曲（生田流）に対して、歌詞にストーリー性があって「語り物」（註5）に近い箏曲である。これを〝**山田流箏曲**〟という。能楽とおなじ曲名や歌詞をもつ曲も多い。

こちらは歌と箏が主体の音楽で、爪の形も箏に対しての座り方も生田流と異なる。

尺八

基本となる長さの管（D管・壱越管）が、古代の尺法で「一尺八寸」（約五四センチ）であることから、この名

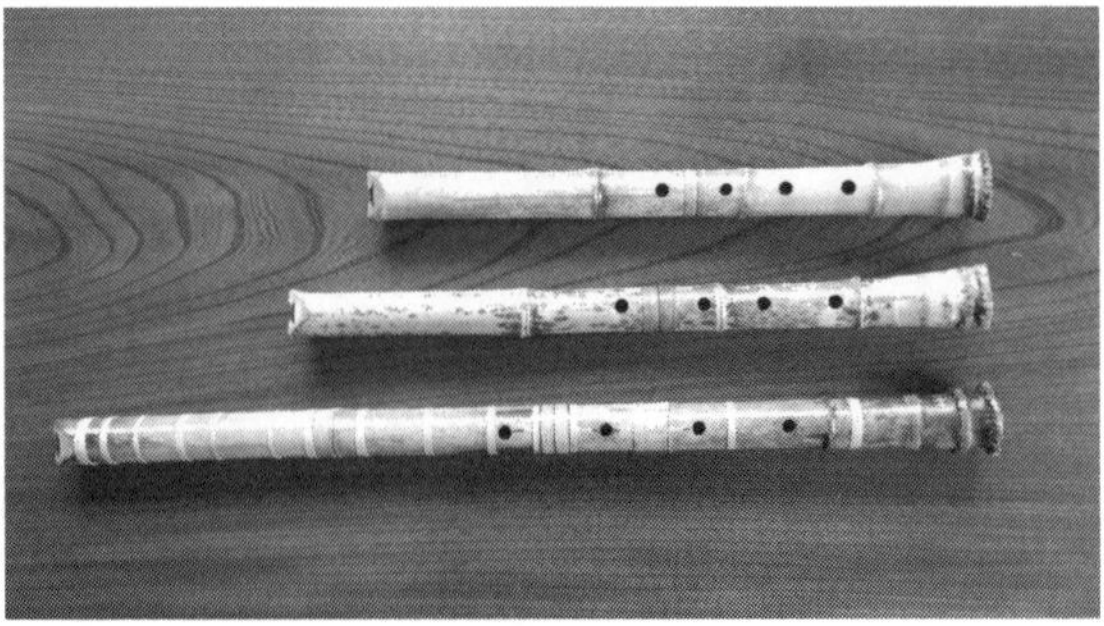

尺八（上から一尺六寸管、一尺八寸管、二尺三寸管）

虚無僧

がついている。本来指孔は五つのみの素朴な竹の笛である。

伝説の類が多く、邦楽器のなかでその歴史や伝承に関してもっともよくわかっていない分野だといってよい。

箏とおなじく古代には中国から渡来、正倉院にも納められているが（註6）、現在の尺八は中世の〝**普化尺八**〟の系統である。当初は楽器ではなく、「普化宗」という禅宗の一派が「法器」として読経の代わりに尺八を吹いていた。その宗派の僧を「虚無僧」といい、天蓋（深編笠）、袈裟、偈箱といういでたちで、寺をもたず全国を回って修行としていた。

不可解な人種にもかかわらず幕府からさまざまな特権を与えられていたため、なかには幕府の隠密の役目を担っていたなんていう設定の時代劇もある。

ただし、このような姿も、いつのまにか私たちにすり込まれた姿である。明治以降、尺八や虚無僧に関してさまざまな議論がおこり、なにが正解なのか解明されていない。

新宿区の法身寺は、江戸時代に青梅にあった虚無僧寺のひとつ、鈴法寺の江戸番所（支所のようなもの）の菩提寺であった。ここにご住職・小菅大徹氏が主催される「虚無僧研究会」の本部があり、さまざまな活動や研究をされている。資料室には尺八と虚無僧関係のぼう大な資料が展示されている。正確な検証ももちろん必要であるが、想像の余地を残したこんな世界も魅惑的ではある。

江戸末期になると、音楽家としてすぐれた人が一般人にも教えるようになった。宗派や幕府も見てみぬふりをしたようだ。黒沢琴古（一七一〇－七一）が尺八専門の曲（**本曲**）を整理して**琴古流**の祖となった。明治に中尾都山（一八七六－一九五六）がおこした**都山流**とともに、現在の二大流派となっている。

やがて三味線や箏となかよく合奏するようになったのが、前述の三曲合奏である。

そんな摩訶不思議な歴史をもつ尺八が、実は邦楽器のなかで一番グローバルに広まっていて外国人の愛好者も多い。プロもふくめ外国人でたずさわる人も多く、世界のさまざまな国に弟子をもつ尺八家もいる。四年に一度開催されている「国際尺八フェスティバル」は回を重ねるごとに充実、二〇一八年のロンドン大会には世界の三〇ヵ国以上から二百人を超える参加者があつまり、コンサート、ワークショップ、交流会で盛りあがった。もちろん日本からも多くの尺八家、箏曲家が駆けつけ、さまざまな国の男女、世代、民族の人たちがいっしょに本曲を吹いている光景はすばらしいものであった。

国際尺八フェスティバル
(2018年、ロンドン)

国際尺八フェスティバル(2018年、ロンドン)

(註1) 井筒八ツ橋本舗主催。

(註2) 検校・勾当・別当・座頭という「四官」のなかにさらに七三段階の序列があり、細かな規定に縛られ

た身分制度であった。音楽家のほかは鍼灸按摩業が主で、最高位の検校は五万石、十万石の大名クラスともいうくらいの力をもっていた。位を上げるためには莫大な上納金も必要であった。

（註3）高低箏二重奏の《五段砧》や組歌《秋風の曲》。

（註4）古今調子による「古今組」五曲。

（註5）語り物：「歌い物」に対する語。日本の声楽のなかで、歌詞を重視してストーリーを伝える要素が強い分野。

（註6）「正倉院尺八」「古代尺八」とよばれ、竹、石、玉、象牙製の八管が残る。六孔であることが現行と大きな違いである。

Ⅲ　近世年表

時代

1600

日本史　※アジア史

一六〇三　徳川家康、江戸幕府開く

一六一五　大阪夏の陣　豊臣氏滅亡
武家諸法度・禁中並公家諸法度
（参勤交代制）　※一六一六　金建国
※一六三六　金、清と改称

一六三七　島原の乱

一六三九　鎖国体制強化

一六五七　明暦の大火　※一六六二　明滅亡
清建国

一六七一　河村瑞賢、東廻航路開発

芸能・音楽

□はおこった頃
▒は西洋・東洋音楽史

▒17〜18C中頃　バロック音楽　オペラの誕生▒

一六〇三　阿国、歌舞伎踊りを始める
浄瑠璃に三味線が使われ始める

一六一四　八橋検校生まれる

一六一八　能が幕府の式楽となる

一六二九　女歌舞伎・女浄瑠璃の禁止
□三味線組歌□

一六五二　若衆歌舞伎禁止
人形浄瑠璃の中心、大坂へ

一六七三　市川團十郎　江戸歌舞伎を開く

一六七八　坂田藤十郎　上方歌舞伎を開く

一六八四　竹本義太夫、竹本座創設
（近松専属作者）

一六八五　八橋検校没

▒1685　バッハ、ヘンデル生まれる▒

江　戸

1700

一六八七　生類憐みの令

一六八九　『奥の細道』（松尾芭蕉）

一七〇九　新井白石、正徳の治

一七一六　八代将軍、徳川吉宗、**享保の改革**

一七五五　奥羽大飢饉

一七六七　田沼意次、側用人に

一七七四　『解体新書』

一六八六　義太夫《出世景清》初演

新様式の浄瑠璃

箏曲生田流おこる

一中節

ピアノ発明

河東節

一中節

一七二二　心中事件を扱った演目禁止

中国　京劇成立（清代）

江戸長唄

一七四六、四七、四八　三大傑作初演

人形浄瑠璃の全盛期

常磐津節

富本節

古典派　1730～1820年代

一七五七　山田流箏曲の祖、山田検校生まれる

薩摩琵琶

日本史　※アジア史	芸能・音楽　□はおこった頃　■は西洋・東洋音楽史
時代 1800	
一七八三　浅間山噴火 一七八三～八八　天明の大飢饉 一七八七　松平定信、**寛政の改革**で倹約令 各地で打こわしおこる 一七九二　ロシアのラクスマン来航 一七九九　蝦夷地直轄領に　エトロフ航路開設 一八〇八　間宮林蔵、樺太探険 フェートン号事件 一八一五『蘭学事始』 一八二一　伊能忠敬　日本全図完成 一八二五　異国船打払令 一八三七　大塩平八郎の乱 一八四〇　水野忠邦、**天保の改革**　※アヘン戦争 **一八五三　ペリー浦賀に来航**	モーツァルト、ベートーヴェン、ハイドン 1775　ウィーンに歌劇場創立 荻江節 寛政期（一七八九～〇一）より**地歌、手事物流行** 一七七七《江の島の曲》山田検校 **江戸で山田流箏曲隆盛** 一八一一　長唄《越後獅子》初演 清元節 文化・文政・天保〈一八〇四～四三〉頃、替手式箏曲盛んに作曲 清楽（中期に衰れた明楽も含める） シューベルト・ショパン・リスト 19C　ロマン派 メンデルスゾーン・シューマン・ドビュッシー

	江戸	
一八五四	**日米和親条約調印**（英、露）	
一八五五	日仏・日蘭和親条約調印	うた沢
一八五八	日米修好通商条約調印（他四国） **安政の大獄**始まる	
一八六〇	桜田門外の変	**箏曲復古運動**（光崎、吉沢検校）
一八六三	下関砲撃事件　薩英戦争	
一八六四	池田屋事件　禁門の変　下関戦争 第一次長州征伐	
一八六六	第二次長州征伐	
一八六七	**大政奉還　王政復古の大号令**	

第4部

近・現代

第10章

明治時代の光と影
邦楽界の混乱

おしよせた西洋文明

「ざんぎり頭をたたいてみれば　文明開化の音がする」

これは、前章でふれた、坂本龍馬も愛唱していた都々逸（註1）のひとつである。

内憂外患状態だった幕末の大混乱の末に、薩長を中心とした明治新政府が樹立された。世界史をみても、アメリカ独立戦争（一七七五年～）、フランス革命（一七八九年）など大きな変革期には多くの血が流された。しかしその上に成り立った新政権が国民の期待と未来を背負って明るい出発をしたかというと、決してそうとはいえない。特に日本の明治維新は、民衆が主体となって成しとげた革命ではなかったからだ。

ちょんまげを切っただけのサムライが主流の新政府内では、以前として「藩」意識からぬけ出しておらず、まだまだ近代国家といえるものではなかった。

勝海舟

西郷隆盛との交渉で、江戸城無血開城を実現させたことで有名な勝海舟の名前はよく知られている。この人がいなかったら、はたして今の日本はどうなっていたか、伝統音楽などまったくもみつぶされていたかもしれないと、時々思う。

かれの功績はそれだけでなく、外国の介入を防ぎ、明治政府の要職としても活躍した。幕臣の下級武士であった海舟は、長崎の海軍伝習所に入り、のちに艦長として咸臨丸（かんりんまる）で渡米した（もっともひどい船酔いで艦長の務めはまったく果たせなかったらしいが）。

サンフランシスコで見聞を広め、国際的な視野を養って帰国、新政府で参議、海軍卿、元老院議官、枢密（すうみつ）顧問官など重職を歴任しているのである。西洋第一主義ではなく、列強の力を正しく知り、日本が西洋諸国の植民地にならず独立していく道に導いた。

最後の将軍、徳川慶喜をはじめ旧幕臣、政府から下野して戦死した西郷隆盛（註2）らの名誉回復と援助に努めている。幕末に江戸町民を救うのみでなく、長州との戦いもさけるために動き、明治政府では台湾や清国への出兵に反対するなど、平和交渉がその思想の根本であった。

一八九九（明治三十二）年一月二五日の葬儀の日（青山葬儀所）は、かなりつもった雪のなか、会葬者は約二千人におよび陸海軍の儀仗兵も派遣されたという。

晩年に別荘をかまえた洗足池（東京都大田区）のほとりに夫妻の墓所と、西郷を悼んで海舟が建立した石碑（「南洲留魂詩碑」）があり、記念館もオープンしている。

勝海舟

海舟の父・惟寅（小吉・テレビドラマでおなじみ？）の実家である男谷家の祖は、越後国（現・新潟県柏崎市）の出身で、盲目であった米山検校（男谷検校）という人である。海舟の曽祖父にあたり、残念ながら音曲ではなく江戸で杉山流の管鍼術（註3）を学び、日本橋で開業、旗本や飢饉による貧民の救済などに力を尽くしたらしい。

海舟の人がらは、この検校と通じるのではないだろうか。

勝海舟夫妻の墓所

邦楽界の混乱

明治新政府は、とにかく西洋をモデルとして近代化を推し進めるのに躍起となっていた。それが、大あわての政策だったことは、ざんぎり頭に山高帽をのせて羽織袴に靴、という当時の最先端ファッションのチグハグさにあらわれている。

そのため「日本的なものは近代化の妨げ、古い悪しきもの」という間違った方向にいってしまった部分があり、その影響は昭和の時代まで尾を引くことになる。

「物質文明」と、精神面の所産である「文化」はちがう。日本固有の文化は日本人が誇って世界に発信すべきであったのに、電信技術や蒸気機関車に圧倒されてすべて西洋文化のほうが上、という意識を植えつけられてしまった。

鹿鳴館で洋装してダンスをおどるのが文化人のたしなみ、ピアノやヴァイオリンが箏、三味線より「すぐれた」ものになってしまった。

世の中がひっくり返って、刀と禄（藩からの収入）を取り上げられた武士も、慣れぬ商売をして失敗したり、見世物興行として剣術をやったりして糊口(ここう)をしのいだ。

一八七一（明治四）年に当道職屋敷と、尺八の普化(ふけ)宗が政府によって廃止された（第9章参照）。なんだか闇のなかのような組織で、しかも特権や全国的な支配力をもつフシギな団体は

「非近代的、よくわかんない、キケン、消してしまえ」

とされたのだろうか。

それまで、組織のなかで保護されていた検校さんたちも、いきなり世間に放り出されたようなもので一時混乱してしまった。でも「**地唄業組合**」を結成するなど、自らの力で邦楽を守ろうと努めた（検校という職格名は明治時代も使われている）。

中尾都山

箏曲界では、江戸時代までの〝三曲物〟とまったく雰囲気の異なる**「明治新曲」**が登場する。それまでの遊里や男女の恋をテーマとした歌詞からはなれ、三味線との合奏ではなく箏の二重奏が多く作曲された。調弦法（基本的な音の合わせ方）も、日本的な都節（陰）音階ではなく、半音をふくまない明るい陽音階の曲が流行（はや）った。

尺八のほうは、特定の宗派の〝法器〟ではなく、楽器として一般の人も堂々と演奏できるようになった。

初世中尾都山（とざん）（一八七六－一九五六）は、演奏、作曲のみならず、邦楽界において時代に即した数々の改革をおこなった。古典とは異なる新たな本曲を作曲（註4）、地歌・箏曲と合奏する尺八手付（てつけ）（パートを作曲すること）、尺八楽譜出版などをおこなったほか組織運営にもすぐれていた。**都山流**は現在琴古流とともに二大流派として発展している。

明治の音楽教育制度

明治五年に「学制」が発布される。

学校における音楽教育はどうだったのか？

公的な機関としては、日本初の官立音楽研究機関である「**音楽取調掛**（とりしらべかかり）」（文部省管轄）という役所が一八七九（明治一二）年に創設された（註5）。この創設者といえる**伊沢修二**が中心となって、アメリカ留学のときの師であるメーソンを招き、ともに音楽指導者の募集と教育、教科書の編さんなどをおこない、わが国の音楽教育の基礎を作りあげた。

創設当時の目的の第一には

「東西二洋ノ音楽ヲ折衷シテ新曲ヲ作ル事」

とある。だから、日本古来の音楽もとり入れるべきであると明記されているのである。

かれらが編集した『小学唱歌集』（一～六）には、だれもが知っている日本の名曲がたくさん載っている。音楽教育の始まりは、下等小学と上級小学に「唱歌」、下等中学に「奏楽」がもうけられたことである。

伊沢修二

学校に「校歌」というものが登場してきたときには（実は現在まで学校に校歌があることを義務づけた法令はないのだが）、ここに全国から作曲依頼が殺到した。「校歌」は集団生活において、価値観の統一を目的とする手段のひとつで、明治政府による国家統制の道具であった。事実、

『箏曲集』表紙・裏表紙

緒言

一、本編ハ、曩ニ音樂取調掛ニ於テ査定セシ、本邦俗曲中ニ就キテ、箏曲ノ稍階梯ト爲ルベキ者ヲ輯録シタルナリ。

一、本編ハ、多ク舊箏曲中ノ佳良ナル者ヲ選録スト雖モ、其詞調ノ卑猥陋俗ニ失シテ、教化ニ害アル者ハ、易フルニ高雅純正ナル者ヲ以テシテ、徵ヲ防ギ漸ヲ杜ガンコトヲ圖レリ。又從來箏譜ト稱スル者無キニハ非ズト雖モ、歌詞ト樂譜トヲ併セテ明記スル者無ク、又歌曲ノ難

『箏曲集』

「学校で歌う歌はすべて文部省の許可を得たもの」
という法令が存在していた（註6）。だから、土地の民謡を歌わせていたら、校長先生がとんできて
「そんな低俗なものを学校で歌わせるとはケシカラン！」
と怒鳴られたそうである。民謡は「低俗」ではない。

また、一八八八（明治二一）年には、箏曲の手ほどき（入門集）を五線譜であらわした『箏曲集』が、同所から刊行されている。

邦楽はそれまで家庭教育のなかで教えられてきた。しかも盲人の音楽であった箏曲には、元来楽譜というものがない。備忘録としてのメモ書き程度であったものが、流派ごとに表記法の異なる楽譜として伝えられている。

学校教育に採りいれるためには、どこかの流派に特定するわけにはいかず、世界共通の楽譜である五線譜による箏曲の入門集を出したのである。

しかし、これは邦楽界が受けいれなかった。

ほかにも理由はあるのだが、結局、この時期に学校教育のなかに邦楽が入ることがなかったのが、ほんとうに長い時間にわたって、洋楽偏重という意識と状態を作り上げてしまった。

明治天皇と伊藤博文

ある作家が、明治天皇が能の《蟬丸》(世阿弥作)を好まれていた、と言っているのを聞いて、胸が痛くなった。

《蟬丸》のあらすじは、盲目の皇子・蟬丸が逢坂山に捨てられ、哀しみのなかで琵琶を弾いていると、狂女となった姉の逆髪と偶然めぐりあい、たがいの身の不運をなげき悲しむというものだ。

聖武、後白河、後鳥羽、後醍醐、孝明、明治、昭和天皇などが、一二六代のなかでもとくに波乱万丈に満ちた帝であったのではないだろうか。

明治天皇(一八五二－一九一二)は、幕末最後の天皇、父・孝明帝の急死により十四歳で即位する。一八六八(明治元)年、京都から東京に移り、全国行幸をおこなうなどして国民の前にあらわれて、近代天皇制の原点となる。

周囲は、初めは中国に倣った「徳」による天皇親政を理想として天皇を教育した。この時代にして、まだ中国がお手本という観念がまかり通っていた。

しかし、時代は動く。地方士族や豪農たちが中心となっての自由民権運動がはげしくなり、国会

伊藤博文

明治天皇

開設と憲法制定を要求、政府はこれを受け入れる。

一八八二（明治一五）年、伊藤博文が憲法調査のために渡欧、プロイセン（ドイツ）憲法をお手本とする「立憲君主制」を学んで帰国、天皇に進講してその役割を明確にした「大日本帝国憲法」を発布するにいたる（一八八九・明治二二年）。

その後、大日本帝国は富国強兵を合ことばに軍事国家となって突き進む。デビューしたばかりの小国にとって、列強国と肩をならべるには軍事力を見せつける必要があった。しかし日清戦争に勝利して手に入れた戦利品は、強い国から横槍が入って取り上げられてしまった（註7）。

そんな因縁もあって、今度は不凍港を求めて南下政策を進めるために満州に駐留していたロシアとぶつかることになる。大国ロシアは、東の果ての小さな島国なんか赤ん坊も同然とタカをくくっていた。もっとも、

大日本帝国憲法発布式典

さらに戦争が長引けば、日本は再起不能にやられていただろう。

明治天皇は、生涯になんと九三、〇三二首もの御製（ぎょせい）（天皇が詠まれた和歌）をのこされているが、日露開戦の明治三七年が七、五二六首ともっとも多い。当時の典侍（てんじ）（宮中に仕える女官の位）の証言でも、開戦は天皇の本意ではなく、激務と心労により食も進まず夜も寝られない日々であったようだ。

ゆくすゑは　いかになるかと暁の
　寝覚（ねざめ）寝覚に世を思ふかな

国のため　たふ（倒）れし人を惜しむにも
　思ふは親のこころなりけり

の歌からもそのお心がうかがえる。

四方(よも)の海　みなはらから（兄弟）と思ふ世に　など波風の　たちさわぐらん
梓弓(あずさゆみ)　やしま（日本）のほかも波風の　しづかなる世を　わがいのるかな

の二首もこの年の作歌であり、箏曲の歌詞に用いられて流派をこえて共演できる曲となっている（《四方(よも)の海》中島雅楽之都(なかしまうたしと)作曲）（註8）。

明治天皇自身は、極端な欧米主義に流れることをおさえておられたようだ。たんに外国の模倣をすることは好まれず、固有の祭祀や儀式はみだりに廃止することをお許しにならなかったと『日本帝室』（註9）に書かれている。

日露戦争の爪あと

中国・遼東半島の先端にある大連の市街は、それまでおとずれた中国の都市のどこよりも美しい町だった。市の象徴となっているアカシアの街路樹は、白い花が雪のように満開となって宙に舞っていた。

公演のあと市内を見学した。中心地にはかつて日本統治下時代に建てられた駅舎や旧大和ホテル、旧大連市役所などの建物が現存している。ロシア統治時代のなごりでロシア人町もある。

そして郊外の「二〇三高地」は、日露戦争の旅順戦線で最大の激戦地となった所である。山頂には忠魂碑が建てられており、攻防の要であった旅順港が一望できた。第三軍司令長官として日本軍を率いた、乃木希典（のぎまれすけ）将軍の子息二人（長男・勝典、次男・保典）が戦死した場所も示されていた。

数度にわたる日本軍の総攻撃により、日本軍の戦死者八万とも十一万とも伝わる犠牲の末、つい

二〇三高地・忠魂碑

旧大和ホテル

乃木希典

に明治三八年一月一日にロシア軍司令官ステッセル将軍が降伏する両将軍が停戦条約締結のため会見したのが、旅順の北、水師営の民家だった。この「水師営の会見」は文部省唱歌になり教科書にも掲載されていた(註10)。

この会見の際にステッセル将軍から乃木将軍に馬とピアノがプレゼントされ、それが「ステッセルのピアノ」として金沢市に保存されている。当時大国の軍隊では、戦地に赴(おもむ)くにもピアノを持参したのだ。勝ったとはいえ、余裕のない日本との差を感じてしまう。文化に対する姿勢そのもののちがいであろうか。

悲惨な戦争の締めくくりに、音楽が登場して少しなぐさめられる。

(註1)都々逸:江戸末期に庶民の間で流行った俗曲。七七七五調の歌詞に、自由な節回しでだれでも気軽に歌えるので大流行した。

(註2)征韓論に敗れて政府を辞職、鹿児島に帰り、明治一〇年の西南の役で自決。

(註3)管鍼術:杉山検校が始めた細い管を用いて鍼をさす鍼灸術。杉山検校は、世界初の視覚障害者教育施設である、鍼・按摩技術の取得を目的とした「杉山流鍼治導引稽古所」を開設した。五代将軍綱吉から本所「一つ目」(名前の由来でもある)に敷地を賜り、現在同地に江島杉山神社がある。

(註4)本曲:尺八本来のための曲。江戸時代の古典本曲に対して、都山流本曲とよぶ。

(註5)一九八七年に東京音楽学校(東京藝術大学音楽学部の前身)となる。

（註6）明治二七年「文部省訓令第7号」

（註7）一八九四（明治二七）～九五（同二八）年の日清戦争の結果、下関条約が締結された。しかし、その際に日本に割譲された遼東半島領有に対して、露・仏・独三国が日本の大陸進出を懸念して放棄させた「三国干渉」。

（註8）箏曲のよく知られる《千鳥の曲》と合奏できるように作曲されている（一九四三年）。

（註9）オットマール・フォン・モール著

（註10）作詩・佐佐木信綱　作曲・岡野貞一　明治四三年

参考文献
『旧開智学校所蔵資料目録』
『中尾都山伝』森田柊山著（公益財団法人都山流尺八楽会）
『明治天皇御集』（文部省）、『明治天皇御集・昭憲皇太后御集』（明治神宮編）

第11章

大正から昭和初期　アジア最大の軍事国家に

新日本音楽の出現

東郷平八郎

アジアの東の端っこの小国であった日本が、日露戦争で大国ロシアに勝った。いや、勝っちゃった。これは近代戦争における奇跡といわれている。

一月に日本が旅順を落としたときは「ちょっとお尻をかみつかれちゃった」くらいに思っていたロシアも（註1）、五月に対馬沖で東郷平八郎が率いる連合艦隊が、ロシアが誇るバルチック艦隊を撃破したことで、負けを認めざるをえなかった。（一九〇五・明治三八年）

完勝だと信じた日本国民は舞いあがって、提灯（ちょうちん）行列でお祝いムード一色の興奮状態となった。しかし、日本にはもう戦争を続ける体力はなく、ロシアも革命がおこるなど国内が混乱して弱体化していた。日本は日本海海戦の勝利を機に、アメリカのルーズベルト大統領に講和調停を依頼し、九月五日にポーツマス条約（日露講和条約）が結ばれた。

勝ったとはいえ、へとへとだった日本は満州鉄道や南樺太をもらったけれど、賠償金の要求をあきらめることになった。莫大な戦費と犠牲者を出したあげくだっただけに、講和内容に対して国民の反発もまねいた。

一応世界の列強のなかま入りをした日本は、以降軍事国家として突っ走っていく。

大正デモクラシー

歴史を長い目でながめると、物事はどちらかに偏る（かたよ）と必ずその反動がおきて逆方向にむかう。そしてまたしばらく経つと、逆の弊害がおこって「昔はよかった」となってもどることをくり返してきたのではないだろうか。

明治に入って西洋文明の恩恵にあずかり、文化的にも意識が高まって、憲法も制定して近代国家としての体裁をととのえてきた。

しかし、世界のなかのひとつの国として意識し始めたのはよいが、明治末期になると、「お国」の名のもとに統率された反動が出てくる。たとえば学校教育にしても、一斉教育によるつめ込み授業がおこなわれ、上からみて好都合の人間を機械的に作るのが明治の教育の理念であった。国家としての思想統制といってもよい。前章でもふれたが、当時の校歌の歌詞は、郷土愛とともに天皇中心の国家、親を敬う内容であった。

すべてに「お手本」を与え、それとおなじにできる子が優等生、人とちがったことをしては「悪い子」だった。画一的で個性は無視された。私なんぞはこんな公立校では一番の問題児だったたにち

山田耕筰

竹久夢二

がいない。子どもひとりひとりに寄りそって教えた、江戸時代の「寺子屋」とは真逆の方針であった。

おとなも、制度に支配される違和感を多くの場面で感じ、自立した人間、のびやかな社会を求めるようになった。

こんななかで、十九世紀にヨーロッパで展開された精神運動である「ロマン主義」の

童話雑誌『赤い鳥』

影響を受け、人々は個人の解放や新しい時代への理想を追いもとめた。そして、民主主義的な改革を要求した「大正デモクラシー」運動がおきる。政治を支配していた貴族や軍部の力を弱め、普通選挙、婦人参政権などの実現が目標であった。

文化面では、作家の芥川龍之介や白樺派の志賀直哉たち、画家の竹久夢二、音楽家の山田耕筰、

歌人の与謝野晶子らの芸術家たちが、ユニークな活動を展開した。

多くの歌謡曲が誕生してレコードでヒット、初めての童話雑誌『赤い鳥』（鈴木三重吉）や青年・婦人雑誌の登場、活動写真（映画の前身）や新劇の劇団が生まれた。新劇は、歌舞伎、能、文楽、（落語、講談）などの日本的な伝統演劇に対して、西洋劇をとり入れたものである。

生活や物質面でも現代社会の基礎というものが確立、都市の中流階級によって支えられた時代であった。

軍国主義への道

しかし世界ではすでにキナ臭いにおいがただよい、植民地支配の対立からついに第一次世界大戦が勃発、日本も日英同盟を理由に参戦して、中国や南洋諸島に進出する（一九一四・大正三～一八・大正七年）。

以前、昭和初期を知る人が

「そのころは大陸の一部も南アジアも日本の領土になって、地図の広い部分が赤かった」

といばっていた。今ならばＳＮＳで大炎上の発言である。もちろん最近の教科書では、真実を知らしめた上で戦争の愚行を認め反省する記述になっている。全体主義で思想も統制されるというのはオソロシイ。

一九二五（大正十四）年、アジアで初の普通選挙（男子のみ）が実現したとはいえ、政府は同時に「治安維持法」を公布、反体制運動をおさえ、思想、結社、運動の自由をきびしく取り締まるようになった。

いつの間にか民主主義運動はおさえ込まれて、軍部によるファシズム（全体主義）が台頭する。

新日本音楽運動

一九二〇年から三〇年代にかけて、邦楽界においてあたらしい動きがおきた。

その中心は「現代邦楽の父」「コトのショパン」「コトのモーツァルト」「日本のシューベルト」「箏曲中興の祖」とたくさんの呼び名をもつ作曲家・箏曲家の**宮城道雄**（一八九四・明治二七〜一九五六・昭和三一年）を中心としたものである。

邦楽の伝統を尊重したうえに、洋楽の要素をとりいれるという理念のもと、新しい様式での作曲や、洋楽器・オーケストラと初めて邦楽器で共演、ラジオ放送やレコーディングなどを通じて全国に邦楽ファンをふやすなどの活動は「新日本音楽」とよばれる。かれが「箏曲界として初めておこなったこと」のなんと多いことか。

一九二〇（大正九）年に、宮城と童謡作曲家の本居長世が東京の有楽座で開いた作品発表会に、協力者の吉田晴風が「新日本音楽大演奏会」と銘打ったのが、この語の始まりであった。もっとも宮城自身は、「新日本音楽」ということばはあまり好きではなかったらしい。

昭和三年、天皇即位の大典の際に作曲した《越天楽変奏曲》（近衛秀麿・直麿編曲）は、初の箏コンチェルトである。宮城の箏独奏、新交響楽団の共演で演奏している舞台写真がある（指揮・近衛秀麿　日比谷公会堂）。

《越天楽変奏曲》箏・宮城道雄（宮城道雄記念館提供）

この時代に、雅楽の代表曲をテーマとした、箏とオーケストラの共演を聴くなんてだれも想像しなかったにちがいない。もちろん現在でも演奏されている。

ほか詩人の葛原しげる、音楽学者の田辺尚雄、町田嘉章（佳声）、尺八の中尾都山（都山流流祖　註2）、

中尾都山と中島雅楽之都（左）
（正派邦楽会提供）

吉田晴風、箏曲家の中島雅楽之都（正派邦楽会創立者）（註3）らが賛同して精力的に活動、邦楽界に活気をよびおこした。

宮城道雄は幼少期を朝鮮の仁川（現在の韓国・インチョン）で過ごし、尺八や箏を教えて一家の生計をささえた。四百曲をこえる作曲をのこしているが、処女作は当地で十六歳のときに作った名曲《水の変態》である。そのほか現地の砧（註4）の音に心をひかれて作った《唐砧》や《高麗の春》などもある。

中尾都山は大正四年に三か月間のロシア横断演奏旅行をおこなっている。大戦真っ最中であるが、各地の日本領事館や病院、帝室音楽学校などで四八回の演奏会を開催した。その後も満州、朝鮮にも演奏旅行に出かけ、尺八の音色をひびかせている。

また、箏曲界でさまざまな近代的な改革をおこなった中島雅楽之都も、都山を師・畏友と仰いでいる。大正一三年に満州、樺太に演奏旅行に随行して以来、何度か渡満し、現地で名取試験も実施している。その後満州、朝鮮に会員を派遣し、現地での箏曲の普及と流派の発展に力を尽くした。

両者が、会派の組織化や試験制度、評議会設置などの改革をおこなうとともに、海外にも目をむけていたのは、当時の日本のアジア進出の動きと呼応していたのであろう。逆に、ヨーロッパの音楽家や歌劇団などが来日して、日本の洋楽も一段と発展した。

新流派・新楽器の登場

いっぽう、長唄や各種の浄瑠璃が、劇場音楽となって江戸時代に盛んだった三味線界も、時代を反映して動きだした。いろいろな分野が攪拌(かくはん)されたように混じり合ってあたらしい芸が生まれ、箏曲や日本舞踊も巻きこんだ。

東京で生まれたのが〝**東明流**(とうめい)〟と、〝**大和楽**(やまとがく)〟である。

東明流は明治後期に鉄道事業家の平岡吟舟が、大和楽は、大倉財閥の大倉喜七郎（註5）が一九三三（昭和八）年に創始した三味線の一派である。歌い方に洋楽の発声法をとりいれたりして、洋楽器と三味線の合奏などをおこなった。

実は、この大倉さんは実業家でありながら音楽に精通し、「東京シンフォニー楽団」を結成、バレエを支援したほか、長唄の名取りでもあった。作曲、楽器改良などにも取りくみ、尺八とフルートを折衷して半音を自由に出すことのできる〝**オークラウロ**〟を考案、制作して邦楽界にも足跡を残した。オークラウロは一時すたれていたが、最近になって若いグループが復活させて、アンサン

薩摩琵琶（坂田美子氏）

オークラウロを演奏する大倉喜七郎（大倉集古館蔵）

ブルを披露している。

財閥のダンナ衆が、お座敷か芝居でふれた三味線に興味をもったのだろうか、財力を利用してあたらしい邦楽を生みだしたのであった。

専門家も新しい創造に意欲的だった。四世杵屋佐吉（きねやさきち）による三弦主奏楽が登場、唄から独立した三味線の器楽曲が作られた。

楽器自体にも工夫改作が試みられ、多くの新案楽器が登場した。とくに宮城道雄は八十弦、大胡弓、短琴などたくさん考案制作しており、なかでも低音箏である〝**十七弦**〟は、現在の邦楽アンサンブルには欠かせない楽器となっている。

前述の杵屋佐吉はずいぶん発明家だったようで、低音三味線や電気拡声器をもつ三味線を発表した。なかでも〝豪弦（絃）〟とよばれる超大型三味線は、ひざの上にのらないくらい図体がでっかくて演奏が困難だったため、その後はあまり用いられていない（註6）。

あまり触れてこなかったが、奈良時代から日本に定着している弦楽器のひとつに琵琶がある。雅楽で用いられたもの（**楽琵琶**）と、**盲僧琵琶**の系統があり、後者から**薩摩琵琶**と**筑前琵琶**が生まれているが、明治期以降に〝**錦琵琶**〟などさまざまな分派がおこった。

八十弦を弾く宮城道雄（宮城道雄記念館蔵）

現在、楽器の分類としては大きく薩摩と筑前に分かれるが、現在では弦、柱（フレット）の数はいろいろである。

ちなみに、〝**大正琴**〟という楽器がある。大正二年ごろに創作されたのでこの名がついているが、「こと」のなかまとは言いがたい。金属弦にピアノの鍵盤装置をとりつけたタイプライターのようなもので、キーを押せばその音が出るという単純な構造である。歌謡曲などをよく演奏して、高齢者むけの教室はかなり人気がある。

ただ、これがなぜかインドに伝わって、むこうで民族音楽やイスラム教賛歌などに用いられているのだ。

この時期の、自由の風潮と、関東大震災（註7）復興後の都市文化の発達は今に続く生活様式の基礎ともいえる。電車や自動車が一般的になりデパート、マスコミ、ラジオ放送、レストラン、カフェ、ダンスホール、大学や出版社ができ…。

しかし、かたや天皇制のもとに反政府的な社会運動、思想を強引にとりしまるなど（註8）、ダークサイドの部分もあった。一九二九（昭和四）年に世界大恐慌がおき、満州事変、五・一五事件、二・二六事件、日中戦争から第二次世界大戦へと歴史は進んでいく。

リーマンショック、大震災に原発事故、毎年のような自然災害、そして新型ウイルスによるパンデミック…似てはいないか。何度かおとずれている社会情勢不安、人類の危機では、いつも文化は踏みつけられる。だけど、消えることはない。戦争だけはくり返してはならない。

（註1）実際に、降伏して旅順を開け渡したロシアの司令官・ステッセル将軍（一八四八－一九一五）は、責任を問われて有罪となりなんと銃殺刑を宣告されている。結局収監一年後に皇帝ニコライ2世の恩赦により釈放された。

（註2）中尾都山：一八七六（明治九）－一九五六（昭和三一）　第10章参照

（註3）中島雅楽之都：一八九六（明治二九）―一九七九（昭和五四）

（註4）砧：布をやわらかくするために、河原などで布を打つ木づち、またはその音。秋の季語。

（註5）大倉喜七郎：父は政商・大倉喜八郎。渋沢栄一らとともに鹿鳴館、帝国ホテル、帝国劇場などを設立。喜七郎はホテルオークラなど日本のホテル業に大きな足跡を残した。

（註6）豪弦：全長約一八〇センチ、重量約三〇キロ、特大の土佐犬の皮を張ったという。

（註7）関東大震災：一九二三（大正一二）年

（註8）特別高等警察（特高）という、明治末から第二次大戦終戦まで全国の警察に設置された政治・思想警察が強力な権限をもち、反体制運動を弾圧した。プロレタリア作家・小林多喜二の例のように、治安維持の名のもと、捕えた人の扱いは熾烈を極めた。

第12章

第二次世界大戦後から現代

偉大な古典、旬の日本音楽を未来へ

二度目の西洋崇拝から脱却
世界へ発信

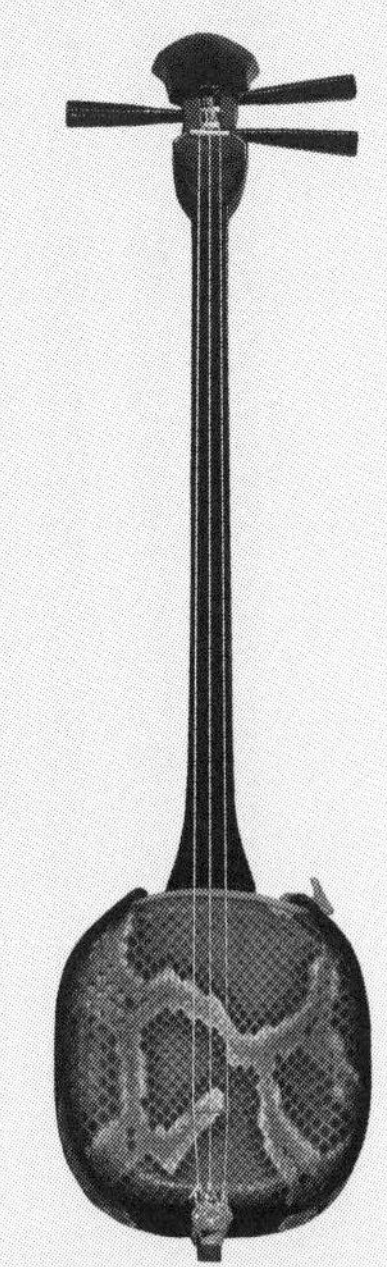

730記念碑

カンカラ三線

この原稿を書いている今日は五月一五日。

一九三二（昭和七）年、海軍青年将校によるクーデター「五・一五事件」がおこった日。そしてその四〇年後の一九七二（昭和四七）年のこの日に沖縄が日本復帰をはたした。

沖縄列島の石垣島。市街地の中心部に「７３０（ななさんまる）交差点」という交差点と「７３０記念碑」がある。タクシーで通りかかったときに、めずらしい名前の交差点だったので、その由来を運転手さんにたずねた。

沖縄は、太平洋戦争末期には、唯一米軍が上陸して、民間人をふくむ多くの犠牲者が出た悲惨な戦場となってしまった。今、那覇のおみやげ店できれいな色のものが売られている「**カンカラ三線（さんしん）**」は、もとは戦時中の悲しい歴史から生まれたものである。

三線は、中国の三弦が伝わって沖縄で発達した民族楽器で、三味線のルーツである（第7章参照）。戦局がはげしくなって山の中に逃れた人々が、隠れて過ごすときにも三線が弾きたくて、アメリカ兵が捨てたビスケットの空き缶を拾って胴にして、木の棹で手作りの三線を作り奏でたというものだ。

そして終戦後も、長い間沖縄はアメリカの占領下におかれた。ようやく昭和四七年に本土復帰したとはいえ苦しい生活は変わらず、ようやく六年後の一九七八年七月三〇日午前六時に、それまでアメリカ式だった道路の右側通行が日本とおなじ左側通行に変更になった記念だそうだ。

離島の小さなホコリのつもった資料館で、戦後一九四五（昭和二〇）年から一九五八（昭和三三）年まで沖縄だけで通用した通貨を見た。B円といわれ、正式名はB型軍票。ドルを換金するにあたり、1ドル三六〇円のはずが、沖縄では一二〇円だった。

B型軍票（那覇市歴史博物館提供）

琉球王国という独立国であったにもかかわらず、中国と日本（薩摩藩）の二重支配に苦しみ、太平洋戦争では地上戦の修羅場となり、戦後も大国の間で虐げられ翻弄され続けてきた沖縄。
青い海とのどかな自然だけを見てはならない。

戦後の西洋文化偏重

戦時中は、洋楽器は「敵国のもの」として敬遠され、邦楽家が軍の施設や病院を慰問演奏で回ったと師匠から聞いた。リュック

東京藝術大学　旧奏楽堂

ひとつの身の回り品のなかに尺八をもっていて、飛び入りでいっしょに吹いた兵隊さんもいたという。なので、終戦後は伝統芸能・音楽がクローズアップされたのかと思ったら逆であった。

明治の文明開化の時とおなじく、太平洋戦争に敗北した日本の戦後は、またもや欧米文化バンザイで染められた。それは、一歩間違えれば自国の文化や精神まで失いかねない危機であった。

学校でも、家庭教育であった邦楽はまったくとり入れられなかった。それどころか、邦楽や民謡は「低俗なもの」「レベルの低いもの」と決めつけられてしまった。

戦後、東京音楽学校と東京美術学校が併合して、現在の東京藝術大学創設が決まったときに、最初の計画ではなんと音楽学部に日本音楽がふくまれていなかった。

わが国で初の国立芸術大学に、自国の音楽を学ぶ場がないなどとんでもない！　と、宮城道雄や音楽学者の吉川(きっかわ)英史らが文部省、ＧＨＱ（註1）、世論などに訴えて血のにじむような「邦楽科設置

運動」をくり広げた。その論争は国会にまでもち込まれた。
その結果、ほかの科から一年遅れの一九五〇（昭和二五）年に、箏曲と長唄の二種目による邦楽科が設置された。
「邦楽なんか自動車の走る現代における山かごみたいなもの」なんて信じられないような偏見の持論を、当時の有識者が堂々と新聞で述べていた。邦楽界の先の世代は、洋楽界からは同格の音楽とあつかわれず、ずいぶん辛い思いを味わってきたのである。
いっぽう、美術の世界には日本古来の伝統文化に改めて着目して尊重、維持発展に貢献した人物がいた。岡倉天心とその師・フェノロサである。天心は、東京美術学校、日本美術院を創設するなど、二人で戦争によって打撃を受けた日本美術の再興に力を尽くした。横山大観、菱田春草、下村観山ら、日本画壇を代表する画家を育て、さらにボストン美術館東洋部長として国際的にも活躍した。

ボストン美術館での岡倉天心（茨城県天心記念五浦美術館蔵）

当時の邦楽界にも天心やフェノロサがいたら、もっと邦楽も早くから復興できたのにと思う。どうも、日本人というのは、外国人に
「あんた、こんなすばらしい物もってるのになんでわかってな

いの？」

と言われて初めて自分の価値に気づくようだ。

これも、明治と太平洋戦争で欧米にギャフンとやられた後遺症であろうか。外国の人は、自分の国、民族の文化をとても誇りに思ってたいせつにする。だから、日本人が日本の文化を尊重せず、歌舞伎や能なども生で見た（聞いた）こともなければ知識もない人が多いということがふしぎに思われてしまう。こんな状態となったのは、戦後の政策、学校教育に原因があるといえる。

現代の伝統音楽の発展と移り変わり

昭和三〇年代に入ってようやく公的機関が、これではいけないと気がついたのだろう。宮城道雄作曲《春の海》や、尺八の本曲、長唄の《勧進帳》などが音楽の教科書に採用されるようになり、文化庁やＮＨＫが伝統音楽に力を入れ始める。

演奏側も、個人の芸から定期的に訓練を受けた合奏団が登場し、流派を異にする演奏家たちがグループを結成して活動した（註2）。演奏家たちも作曲を発表し始めるいっぽうで、洋楽系の作曲家に邦楽器を用いた作品を委嘱するようになった（註3）。コンクールが開催され、世界や他ジャンルとの交流もさかんになっている。

邦楽演奏家自身が、さらに音楽や技術を追究した結果、二十弦、二十五弦、三十弦（註4）といった「**多弦箏**」を考案し、専用の曲が作られて演奏者もふえている。

「邦楽器を主体に用いた現代の新作曲」の総称は「**現代邦楽**」というジャンルでよばれる。初めてこの語が使われたのは、戦後まもなくのＮＨＫラジオ番組「現代邦楽の時間」（註5）であったが、現在の新曲もまだ継続してふくまれるのか、などはアバウトになってきている。

二〇〇二年度にはようやく（ほんとうに「ようやく」）、中学校の音楽の授業で、和楽器の習得が

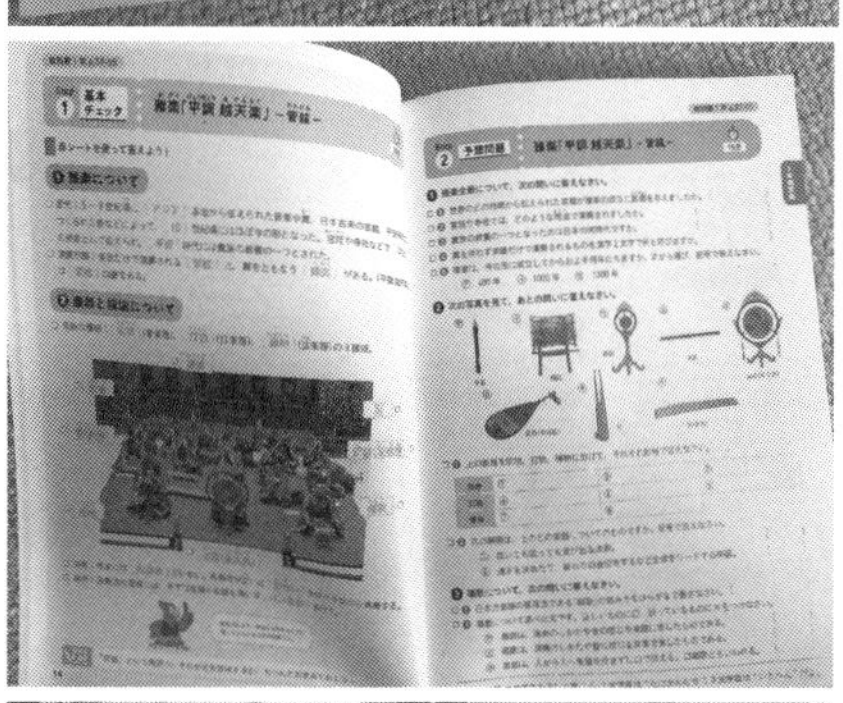

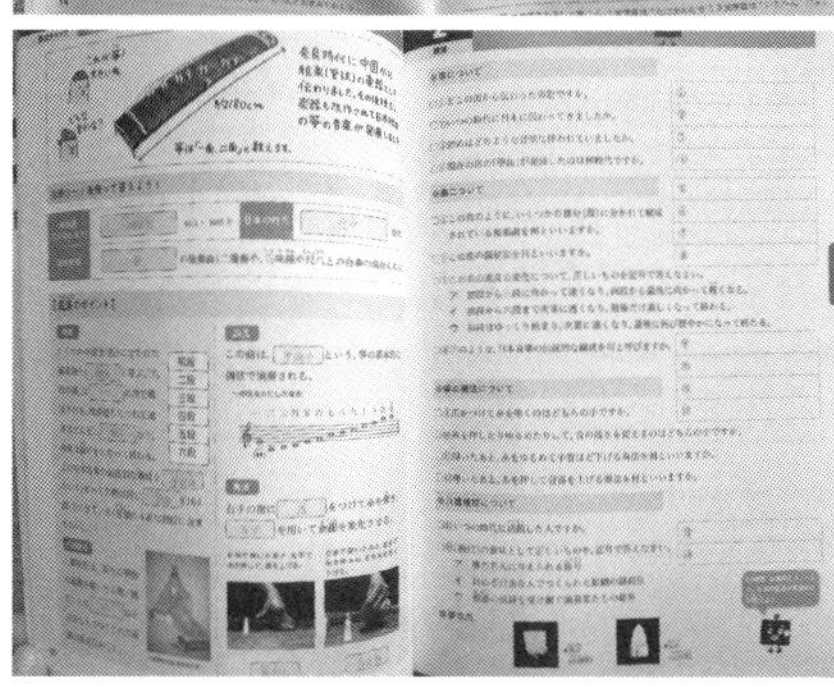

音楽の参考書と問題集
『教科書ぴったりトレーニング』
『定期テスト ズバリよくでる』
（いずれも新興出版社啓林館より転載）

「東アジア文化都市」開幕式（2018年・釜山）

京都祇園祭・山鉾行事

ミラノ市立音楽大学（解説・筆者）
（2018年・正派和楽器室内合奏団）

必修と文部科学省の学習指導要領で決定した。教科書では世界の民族にも目をむけるようになっている。

最近、民間出版社が制作する中学の音楽の参考書と問題集の、日本音楽全般について監修をさせていただく機会があった。受験科目でない音楽の参考書が出版されるなど、以前は考えられなかったが、これはすばらしいことだと思う。試験対策のみではなく、教科書だけではわかりづらい部分もていねいに解説しているから、理解を深めることができる。カラー舞台写真が豊富で、これを見た学生は、ぜひ生の公演を見たいと思うのではないかと期待している。

時代は昭和から、初めて戦争のなかった平成、令和へと移ってきた。社会情勢にそって、日本伝統芸能・音楽も世界へ発信されている。

二〇〇八年に能楽、人形浄瑠璃文楽、歌舞伎が**「世界無形文化遺産」**に登録された。「遺産」という語がちょっと引っかかるが、世界的に貴重な財産だと認められたのは喜ばしい。翌年には雅楽や、京都祇園祭（ぎおんまつり）の山鉾（やまぼこ）行事、岩手の早池峰神楽（はやちねかぐら）などいくつかの民俗芸能も登録されている。

地球がせまくなり、筆者もアメリカ、ヨーロッパ、オーストラリアほか、最近は中国、韓国での仕事が増えている。流派の名取試験に外国人が受験するのもめずらしくない。

現代の問題点

とはいえ、平成後期からは邦楽界はさまざまな問題をかかえ、非常にきびしい状況にある。中学校で必修になったとはいえ、依然として音楽教諭の熱意によって温度差がある。学校教育自体が受験優先となり、楽器、指導者の確保などの問題をクリアしなければならない。

ワシントン条約締結以来、邦楽器の備品の輸入が困難になり、三味線の材料（唐木）、皮、象牙などが入手しにくくなっている。在庫があったとしても当然値段が高くなっている。われわれが必

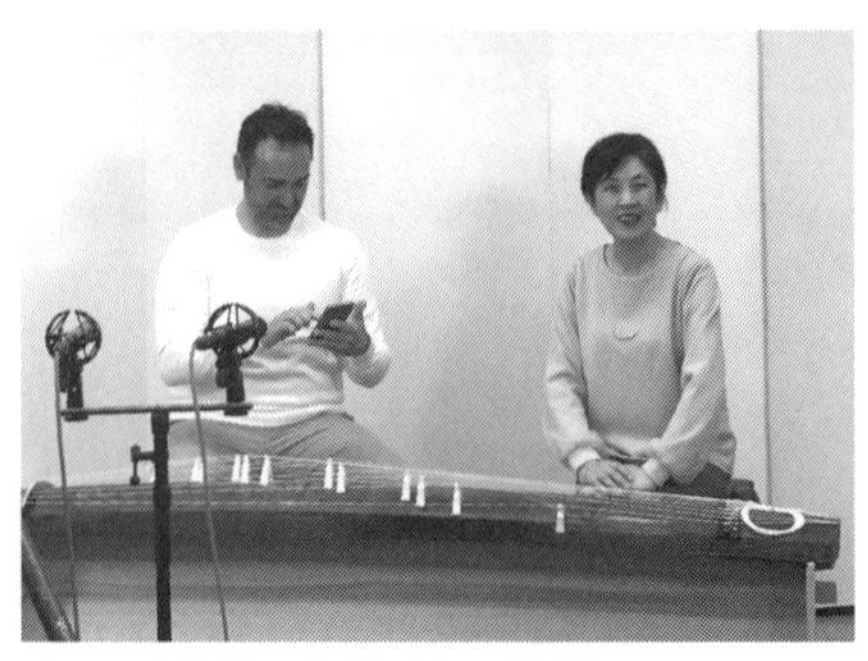

リモート配信の収録（右・筆者）

保育園で

中国との「日中伝統芸能オンライン交流会」

死で普及のためにがんばっても、一般人には敷居が高いと思われてしまう。入門して専門家として流派を支える人口が激減していて、引いては楽器商の経営も苦しいという負の連鎖となっている。

　若者の伝統文化への関心がうすいわけではなく、夏休みの親子体験イベントなどは箏曲では定員の四倍近くの申し込みがある。

　最近観光地では、レンタル和服を着て街を歩く若者が増えている。かた苦しいルールや着方を押しつけられず自由に楽しめるのだろう。着物文化にとっては歓迎すべきことで、邦楽界も柔軟に見習う点があるのではないだろうか。

　どこかの流派に所属したとしても、以前のように流派・会派にしばられないグループやイベントもたくさんあるし、狂言や歌舞伎界ではスターもあらわれて枠にとらわれず活動されている。

令和二年からの新型コロナウイルスによるパンデミックで多くの業界が大きな打撃を受けているが、文化関係も例外ではない。公演は軒並み中止、これまでのようにレッスンに出かけ、練習で集まることも困難な世の中になってしまった。

しかし、ただ活動を止めてしまっているわけではない。「伝統芸能・邦楽の灯を消してはいけない」と、みんながなにかそれぞれ自分にできること、社会に訴えることを模索してがんばっている。演奏やステージのオンライン配信がふえた。これは家にいながら好きなときに選んで何度も聴くことができる。リモートによるレッスン、合奏のためにも、どんな機材が有効かなどという情報交換がさかんになっている。

もちろん、不便な面も多く、対面でやるのが一番よいには決まっているが、逆に考えれば、これでしかできないこともある。地方、いや世界に弟子をもつ先生は、今までより頻繁にレッスンをすることができるようになり生徒が増えたという。健康や交通の事情で出かけられない人も、家にいて参加、指導を受けることができる。

筆者が理事を務める邦楽関係のＮＰＯ法人では、一流演奏家による古典曲の講習会をオンラインで実施した。手元をアップした画像など、配信ならではのくふうが好評で、イギリス在住の参加者もあり、とても喜んでいただいた。また日本中国文化交流協会では、厦門（アモイ）市の音楽家団体とオンラインで交流会を開催した。日本側の企画、解説を担当させていただき、琵琶と三味線をテーマとして、中国との歴史的な関係を紹介した。

本年（二〇二一年）は、賛否両論、多くの難題を抱えながらオリンピック、パラリンピックが東京で開催された。論議はさておき、スポーツの多くの場面が人々に感動、希望、活力を与えた。音楽も同様に、人の心を震わせ、癒し、人間の内面を形成するものだと思う。

文化は「不要不急」のものではない。

※現代の邦楽界の問題点ほかについては、既刊『なんてったって邦楽　おもしろ日本音楽』参照。

（註1）ＧＨＱ：連合国総司令部。第二次大戦後から一九五二年までの間、日本占領のために設置された管理機構。マッカーサー元帥が最高司令官に任命され、実質上アメリカ政府の指揮下であった。

（註2）「邦楽4人の会」「民族音楽の会」「日本音楽集団」「日本合奏団」尺八「三本会」「宮城合奏団」「正派合奏団」など。

（註3）邦楽関係の作曲者としては中能島欣一、杵屋正邦、唯是震一、小野衛、松本雅夫、衛藤幸明、坂本勉など。とくに唯是震一は宮城道雄の作曲数をこえ、その形式もさまざまなジャンル、邦楽器におよんで特筆すべき功績を残した。
洋楽系では石桁真礼生、入野義朗、清水脩、間宮芳生、小山清茂、伊福部昭、平井康三郎、三木稔、長沢勝俊、藤井凡大など。

（註4）二十絃箏は一九六九（昭和四四）年に三木稔の協力を得て野坂恵子が考案。その後一九九一年に二十五絃箏を発表。三木稔や伊福部昭などが作品を残している。三十弦は山田流の宮下秀冽が一九五五年ごろに制作した。

（註5）一九四七（昭和二二）年

参考文献　『三味線の美学と芸大邦楽科誕生秘話』吉川英史（出版芸術社）

Ⅳ 近・現代史年表

明治時代（1867〜）　1900

日本史　※アジア史

- **一八六七　明治維新**
- 「ええじゃないか」流行
- **一八六八　戊辰戦争　五ヶ条の御誓文**
- 江戸を東京と改称
- 一八七一　廃藩置県
- 一八七二　学制　鉄道開通
- **一八七七　西南戦争**
- 一八八五　内閣制度発足　伊藤博文　初代総理大臣
- **一八八九　大日本帝国憲法発布**
- **一八九四　日清戦争**
- 一八九五　下関条約　三国干渉
- **一九〇四　日露戦争**
- 一九〇五　ポーツマス条約
- ※一九一一　清滅び中華民国
- 一九一二　大正天皇即位

芸能・音楽

□はおこった頃　▒は西洋・東洋音楽史

- **一八七一　当道職屋敷、普化宗廃止**
- 一八七七　大阪に「地唄業組合」結成
- **一八七九　文部省に音楽取調掛**
- 箏曲　［明治新曲］
- 一八八〇　林広守《君が代》作曲、発表
- 一八八八　『箏曲集』刊行
- 一八九四　宮城道雄生まれる
- **明清楽**流行
- 一九〇九　《水の変態》宮城道雄処女作

大正時代	昭和時代
一九一四〜一八 **第一次世界大戦** 一九二三 関東大震災 一九二五 治安維持法 普通選挙法	一九二六 昭和天皇即位 一九二八 第一回普通選挙 特高警察 一九二九 世界大恐慌 **一九三一 満州事変** 一九三二 満州国建国 五・一五事件 一九三六 二・二六事件 一九三七 日中戦争 **一九四一 太平洋戦争** **一九四五 ポツダム宣言受諾 敗戦** ※一九四九 中華人民共和国 **一九四六 日本国憲法公布** **一九五一 サンフランシスコ平和条約締結** 一九六四 東京オリンピック開催 **一九七二** 札幌オリンピック開催 **沖縄返還 日中国交回復** 一九八九 平成天皇即位

一九二〇 宮城道雄「新日本音楽大演奏会」開催
一九二一 宮城道雄 十七弦考察

新日本音楽

一九二九《春の海》宮城道雄

20世紀音楽
印象主義 反ロマン主義
原始主義 新古典主義 12音音楽

新邦楽

一九四六 文部省芸術祭創始
一九五五 NHK邦楽技能者育成会開設

現代邦楽

一九六九 二十弦箏考案

	平成時代 (2000)	令和時代
日本史 ※アジア史	※一九八九 ベルリンの壁崩壊 ※一九九一 ソ連崩壊 一九九五 阪神淡路大震災 一九九八 長野オリンピック開催 ※二〇〇一 アメリカ同時多発テロ 二〇〇八 リーマンショック 二〇一一 東日本大震災	二〇一九 令和天皇即位 二〇二〇 新型コロナウイルス世界的大流行 二〇二一 東京オリンピック開催
芸能・音楽 □はおこった頃 ▒は西洋・東洋音楽史	電子音楽 二〇〇八 世界無形文化遺産登録 能楽、人形浄瑠璃文楽、歌舞伎 二〇〇九 雅楽 二〇一〇 組踊 他民俗芸能（〜一二）	

あとがき

最後は現状（二〇二一年五月現在）のコロナ禍のもと、きびしい状況のご紹介になってしまった。このパンデミックもひとつの世界史のなかの大きな事件、社会現象である。本書が出版されてお手元に届いているときには終息していることを切に願っている。もし、何年か先に読まれているのであれば、「あの年はこんなことがあってたいへんだった」と思い出して、ふつうの日常を感謝できるのではないだろうか。

劇場や美術館、コンサートに行って感性を刺激し、癒（いや）され、感動し、帰りにレストランで知り合いと食事やおしゃべりを楽しんで、また明日からの活力を養う、といった「あたりまえ」のことがどんなに貴重なたいせつなことであったことか。

芸能によっては、千年以上の歴史をもっているが、その間には同じような状況が幾度もあった。疫病も、自然による大きな災害も、応仁の乱で京の町がほとんどが焼けてしまうことも、第二次大戦で東京が焦土と化したこともあった。

しかし、伝統文化はそれらを乗り越えて今に伝わってきている。「文化は滅びない」と、著名な芸術家の多くが口をそろえて言う。いや、今私たちが、滅ぼさないように努力しなければならない。

伝統文化は決して過去の「遺産」ではなく、現在から未来へと続く歴史の一部である。同じ所にとどまって古いものをくり返して停滞しているわけではない。歌舞伎の「世話物」は当時の現代劇である。その時代を反映して変化し、生き続けている。

今では箏や尺八ばかりか、雅楽器奏者も洋楽器や世界の民族楽器と共演している。歌舞伎では、故中村勘三郎丈が始めた「コクーン歌舞伎」「平成中村座」はニューヨークまで進出、「シネマ歌舞伎」が話題となり「スーパー歌舞伎」「超歌舞伎」などと、次世代を担う若手が次々と新企画を披露して延びのびと活躍している。

古典芸能のなかでもっとも格式高くて近寄りがたいと感じる能においても、オーケストラ、ファッション、バーチャルなどとのコラボ公演がおこなわれている。狂言の世界も、若手のみならず宗家自ら新作狂言に意欲的に取り組み、学校で楽しく上演している派もある。

ただし、どの表現者も、あくまで古典をしっかりと身につけた上での新企画・新作である。

「きちんとした型を持っていて、それから飛び出るのが〝型やぶり〟。型を持たずに上っ面だけでやるのは〝型なし〟」

外国へ行って、その国の伝統文化にふれるときは、やはり新作より先に古典、伝統的なものを見たいと思う。

入口はどこでもよいが、結局は何百年も伝承してきた古典のおもしろさ、奥深さにたどりつく。それを伝えたいと、皆がさまざまな形で活動しており、本書のシリーズもそのひとつである。

もう一度言いたい。歴史のなかでも、いま生きているときも、「文化は不要不急のものではない」。

著者紹介

釣谷真弓（芸名・釣谷雅楽房）

箏曲家・日本音楽史、アジア民族音楽研究。金沢市出身。

日本国内、海外（NYカーネギーホール、シドニー・オペラハウスほか欧米、アジア各国）での演奏活動に加え、日本音楽史、民族音楽関係の執筆、音楽大学や各種講座でのレクチャー、小・中学校での公演などで日本音楽の普及に努めている。自ら収集したアジア民族楽器を用いてのユニークな講義は定評がある。

2006年 北國芸能賞、2013年 金沢市文化活動賞受賞。

著書：「おもしろ日本音楽」シリーズ５巻、『音の歳時記』（いずれも東京堂出版）、『八橋検校十三の謎』（アルテス・パブリッシング）など。

論文：「雅楽曲における律音階から都節音階への推移についての考察」ほか多数。

歴史からでも楽しい！　おもしろ日本音楽

2021年11月10日　初版印刷
2021年11月20日　初版発行

著　者　釣谷真弓

発行者　大橋信夫

発行所　株式会社東京堂出版
〒101-0051　東京都千代田区神田神保町1-17
電話 03-3233-3741
http://www.tokyodoshuppan.com/

DTP　有限会社一企画

印刷・製本　中央精版印刷株式会社

ISBN978-4-490-21054-5 C0073